이미지의 퇴계학

퇴

KB074029

최 재 목

지식과교양

머리말

1

　기존의 퇴계연구가 너무 '이기론적'(理氣論的), '사칠론적'(四七論
的) 쪽으로 치우쳐 있을 때 나는 딴 짓을 하기로 했다. 다시 말하면 그
동안 우리사회에서 구축되어온 퇴계의 이미지를 통해서 그를 다시 볼
생각을 하고 있었다. 초상화 등에 관심을 갖는 것이었다. 마치 세미나
나 학술발표회 등등의 모임에 가서 재미없고 할 일이 없으면 자료집,
논문집의 여백에다 낙서를 하든, 그림을 그리든 딴 짓을 해보는 습관
처럼, 연구가 재미없을 즈음 나는 어김없이 재미있는 구석을 찾아서
헤매고 다니고 말았다.

　그러다 보니 퇴계의 초상화에 대해 몇 편의 글을 썼다. 물론 내용에
는 초상화만 들어있는 것은 아니고 동상이든 철상이든 퇴계를 재현한
물건들은 일단 연구대상에 넣었다. 시기적으로도 퇴계 사후, 조선시
대에서 근현대기에 이르기까지를 범위로 잡았다. 그 사이 새로 발굴
한 초상화도 있었고, 이런 몇 점을 두고서 퇴계의 이미지가 어떻게 변
천해왔는지를 시대별로 조망하는 눈도 생겼다. 세상은 별로 알아주지
않았지만, 나름의 성과라면 성과였다.

이 책은 그동안 써온 글들을 독립된 한권의 책으로 엮은 것이다. 다소 중복된 곳도 고치지 않고 그대로 둔다. 왜냐하면 그것을 통합하기에는 다시 논리를 맞추고 해야 하는 번거로움도 있고, 또 그럴만한 시간도 필요하다. 그런데 지금 나에게는 그런 시간도 여력도 도와줄 사람도 없다. 그냥 형태만 갖추어서 그대로 일단 간행하기로 하였다. 내가 퇴계의 초상화에 대해서 고민했던 흔적을 모아두는 작업만으로 그 소박한 의미를 찾기로 하였다.

2

초상에는 퇴계의 '아우라'가 남아 있다. 아니 적어도 초상화는 그 사람의 격(格)과 향기와 권위와 덕성을 담고 있어야 한다. 우리는 퇴계의 이미지를 일단 초상화에서 만난다. 아니 동상이든 뭐든 퇴계를 표현한 얼굴을 통해서, 그와 마주하면서 대화하고, 그의 눈을 쳐다보면서 마치 살아있는 사람과 의사소통을 하듯이 나 자신의 내면적인 언어와 심정을 주고받는다. 이렇게 해서 퇴계는 글 속의 언어로서가 아니라 이미지를 통해서 현존하게 되는 것이다. 불교에서는 오온(五蘊)이라 해서 이 세계를 구성하는 물질계(신체를 포함)인 '색'(色)과 정신계인 '수상행식'(受想行識)을 말한다. 물질적 대상(=색)에 접촉하면, 그것을 받아들이고(=수), 이미지로서 표상하고(=상), 그 표상된 것을 근거로 자신의 의지를 표출하며 활동하며(=행), 이런 것들이 개념체계로서 뇌 속에 자리하여 분별과 인식의 씨알이 박혀버린다(=식). 퇴계의 초상에 접하면서 우리는 그 이미지를 가지고 사유하며, 그 사유를 통해서 자신의 퇴계를 만들어가고, 그를 만나 대화한다. 이 이미지는 개인에 따라, 지역에 따라, 시대에 따라 변모한다. 아울러 이미지는 고정된 것이 아니라 창출되고, 왜곡되고, 소거되고, 다듬어지고, 세련되고, 때로는 상실되고 삭제된다. 이미지 나름의 현상학적 흐름과 지평을 갖는다.

이 점에서 이 책은 또 하나의 퇴계학적 논의라고 할만하다. 초상화와 연관된 문제로 퇴계의 초연함이 어디서 발원한 것일까라는 인문학적 문제를 껴안고 있던 차, 마침 졸고가 한편 더 추가되어 왜소한 책의 부피를 조금이나마 면할 수 있게 되었다.

한꺼번에 많은 책을 내다보니 오탈자나 잘못된 정보, 자료가 있을 수 있다. 이것은 모두 나의 책임이다. 추후 보완해가기로 한다. 동학 선후배들의 질정을 바란다.

2018. 7. 1
대구 돌구재(乭九齋)에서 최재목 적다

차

례

/ 1 /

退溪의 肖像畫에 대하여

– 近 · 現代期 '退溪像' 탄생에 대한 성찰을 겸해서 –

Ⅰ. 시작하는 말

이 글은 李退溪의 肖像畵에 대하여 논의하고, 이를 통해서 우리의 近·現代期에 있었던 '退溪像' 탄생에 대해 성찰을 하는데 목적이 있다. 지금까지의 퇴계연구에서 '퇴계의 초상화'에 대해 본격적으로 문제를 제기한 적은 없다.

이퇴계 肖像畵의 연구는 그 자체로도 의미가 있다. 그런데 퇴계의 초상화 문제는 단순히 초상화 그것에서 그치지 않고, 지금까지 우리가 이퇴계를 어떻게 바라보고 또한 그의 사상을 어떻게 인식해왔는가 하는 문제, 즉 '退溪觀'·'退溪像'과 관련된다[1]는 점을 잊어선 안 될 것이다. 즉, 불교식으로 말하자면, 역사적인 몸으로서의 '色身'은 소멸되

---

1) 이런 논지에 대해서는 권순철, 「퇴계 철학 원형의 탄생과 식민지적 근대성」, 『전통과 현대』통권 22·2002년 겨울호, (전통과 현대, 2002)를 참고바람.

지만, 그 사람의 영혼과 정신이 담긴 초상화나 언설을 담은 텍스트를 통해 '法身'은 永續한다. 그래서 한 인간은 죽었지만, 한편으로는 죽지 않고 살아 있는 것이다.

일반직으로 중국을 포함한 동아시아 사회에서 초상화는 聖賢의 이상적인, 관념적인 모습을 드러내는 것에서 실재하는 일반인의 정신이나 개성을 드러내어 보존, 기념하는 쪽으로 발전해왔다. 다시 말해서, 고대 이래로 중국의 회화에는 人物畵 · 山水畵 · 花鳥畵가 있고, 많은 거장과 무수한 명작을 산출해왔다. 그 인물화는 고대에는 전설상의 인물이나 帝王 · 聖人 · 賢者 · 英雄 등의 역사상의 인물, 나아가서는 佛菩薩 · 神仙 등의 비범한 존재를 주로 그렸다. 마침내 10세기 송대 시기부터는 점차로 보다 평범한 市井의 사람들을 그리게 되었고, 明代부터 淸代에는 이것이 주류가 되었다. 그 목적도 帝王 권위의 發揚, 聖賢의 顯彰을 위한 것에서 개인의 존재를 기념하기 위한 것으로 변해갔다. 어느 쪽이든 넓은 의미에서 초상화이긴 하지만 관념적으로 인간의 이상적인 모습을 추구하는 데서 실재하는 인간의 개성을 추구하는 쪽으로 옮겨갔다는 점에서 오늘날과 초상화와 같은 변질이 있었다고 하겠다.[2]

조선시대의 초상화는, 기본적으로 한 인간의 '정신-혼'을 그대로 표현한다는 '傳神'의 전통을 유지하지만, 중국과 달리 대단히 사실적으로 정교하게 인물을 묘사하는 것이 특징이다. 다시 말하면, 한 개인의 외모를 담아내는데 그치지 않고 그 사람의 성격, 인품, 교양 등 정신세계

---

[2] 小川陽一, 『中國の肖像畵文學』, (東京: 硏文出版, 2005), 3쪽. 아울러 초상화와 관련해서 中嶋隆藏, 『中國の文人像』, (東京: 硏文出版, 2006)도 좋은 참고가 된다.

를 반영하여 氣運生動하는 경지로 승화시키고 있다. 따라서 「털끝 하나만 같지 않아도 곧 타인이 된다(一毫不似便是他人)」·「사람이 부모 진영을 그릴 때 한 털끝 한 터럭이라도 같지 않으면 부모가 아니다(人寫父母之眞一毫一髮不似則非父母矣)」라는 말[3]이 생길 정도였다. 퇴계 초상화도 기본적으로는 이런 전통 속에서 탄생되었다고 할 수 있다.

그런데, 현재 우리가 보고 있는 퇴계의 초상과 동상 등은 '이상적인 인간의 모습'+'실재했던 한 인간의 정신과 개성'을 합성하여 그린 상상의 작품에 속한다. 하지만 우리는 그 상상의 이미지를 실재하는 것처럼 인식하며, 곳곳에서 퇴계를 만나고 있다. 예컨대, 「퇴계로 육교에서 만났던 그 사람…」. 요절한 대중가수 배호가 부른 노래 「사랑은 하나」의 첫머리에는 이처럼 '퇴계로'[4]. 그리고 시인 유안진의 「초상화가 좋다」라는 시에 「원고는 쓰기 싫어도 원고료는 늘 좋다//세종로 퇴계로 율곡로를/쏴돌아다니면서도/이 어르신들 닮으려는 생각 해 본적 없으면서도/초상화는 늘 좋다//세종대왕 열 한 장에/퇴계선생 석장/율곡 선생도 한 장 (下略)」에 나오는 退溪肖像이라는 말. 우리가 사용하는 천원권 지폐 속의 퇴계 초상. 서울 남산의 퇴계 동상. 이런 등등은 우리가 만들어 오고, 향수해온 퇴계의 초상이며, 우리 시대가 만들어 낸 偉人의 再現이다.

돌이켜보면 퇴계는 일제강점기에는 일제의 통치 논리 속에서, 해방 이후의 박정희의 유신정권기에는 우리 민족의 모범적 武人像인 李舜

---

3) 이강칠, 「『歷史人物肖像畵大事典』발간에 부쳐」, 인물해설: 이강칠·이미나, 복식해설: 유희경 외 9인, 『歷史人物肖像畵大事典』(서울: 현암사, 2003), 5쪽.
4) 서울 중구 봉래동 2가 서울역에서 동쪽으로 뻗어 회현동·필동·쌍림동 등을 지나 광희동에 이르는 가로.

臣, 그리고 이에 대비되는 모범적 文人像으로서 부각되어 한국적 '文人像'의 대명사가 되어왔다.

특히 일제강점기에 창출되는 '근대적 退溪像'은, 일제가 한국인의 민족 말살적 황민화와 전쟁 협력을 강요하기 위해 적극적으로 내세운 이른바 '內鮮一體論'[5] 그리고 유사한 맥락에서 韓·日을 同源·同祖라는 논리로 일체화하는 '日鮮同祖論'[6]의 논리를 실행해 가는 맥락에

---

[5] 이것은, 한국 민족은 일본 민족과 운명을 같이하는 일본 민족 속의 일부이며, 소위 興亞的 민족해방의 대상이 아니라 일본 민족과 함께 아시아 제 민족을 서구 제국주의의 압제로부터 해방시켜야 할 주체이며 자신들의 침략전쟁을 대동아 공영권 건설이니 구미 제국주의로부터 아시아 해방이니 홍아적 민족 해방전쟁이니 聖戰 등으로 미화하여 아시아 지역의 민족 해방문제와 조선에 대한 일제의 식민지배 사이의 모순성을 은폐 시켰다.조선인에 대한 황민화는 1937년 중일전쟁의 발발로 보다 더 적극화되었다. 조선교육령의 개정, 육군지원병제도 창설, 창씨개명의 실시, 국민정신총동원 조선연맹의 결성, 경찰서 주재소를 중심으로 한 각종 시국좌담회의 개최 등을 강제하였다.

[6] 참고로「日鮮同祖論」의 발생과 내용을 개략적으로 언급해둔다 : 明治維新 이후부터 침략주의 정객들에 의해서 征韓論이 일어났으며 침략주의 御用史學者들에 의해서는 日鮮同祖論·滿鮮史觀·任那日本府說·南朝鮮經營說 등이 만들어졌다. 그중 일선동조론은 한국고대사에 대한 연구를 통해 조선과 일본은 같은 민족이라는 결론을 이끌어 내어 조선에 대한 일본의 식민지지배를 합리화한 이론이다. 이 이론은 東京帝國大學 교수들에 의해 저술되고 이후 일본사 교육의 중요한 底本이 된『國史眼』(1901)에서 고대의 한일관계가 동조론의 입장에서 서술됨으로써 나타나기 시작했다. 이후 1910년 일제가 조선을 강점한 것을 합리화하는 史論으로서 강조되었다. 朝鮮 强占 직후에 日本歷史地理學會 기관지인『歷史地理』는 당시 일본의 역사학자 대부분을 동원해 臨時增刊號로서「朝鮮號」를 발간했는데, 그들이 쓴 글은 모두 일본의 朝鮮合倂에 대한 同祖論을 근거로 예찬했다. 그 집필자의 하나인 喜田貞吉(기다 사다기치)은「일본민족이란 어떤 것인가?」·「한국민족이란 어떤 것인가?」·「한국병합과 역사」등의 글을 발표해 이 논문들 속에서 일선동조론에 대하여 언급했다. 그리고 서울의 同源社에서 발행하는『同源』이라는 잡지 제3호에(1919년 12월호)「日鮮兩民族同源論の梗槪」라는 제목으로 앞의 논문들을 종합하여 발표했다. 喜田貞吉는 다시 이글을 증보하여 자신이 주필로 있는 잡지「민족과 역사」제6권 1호에「日鮮兩民族同源論」이라는 논문을 발표했다. 喜田貞吉는 이상의 논문에서 고문헌에 대한 연구를 통해 유물·언어·신화·풍습 등 다방면에

서 작동되는 것을 살펴볼 필요가 있다.[7] 근대기의 초상화 유포는 대개
정치논리와 깊이 닿아 있다는 말이다.[8] 본문 가운데서 논의될, 京城
婦人科病院長 工藤武城(쿠도 다케키로)가 소장한 것으로 보이는「退
溪先生之肖像」에서 이것은 잘 드러난다. 그러나, 해방 이후 지금에 이
르기까지 우리는 퇴계의 초상이 어떤 맥락에서 탄생되어 유포되는가,
퇴계초상은 퇴계의 본래의 모습이기나 한가, 퇴계 당시 혹은 퇴계 사
후에 그의 채취를 담은 초상을 갖고나 있기는 한가, 등등에 대해 제대
로 성찰할 기회를 갖지 못했던 것이 사실이다.

　우리나라의 명인들의 초상화를 거의 싣고 있는『歷史人物肖像畵大
事典』[9]에 퇴계초상은 들어 있지 않다. 박정희 정권기에 추진되는 陶
山書院重修의 기록을 담은『도산서원중수지』(1970년)[10]에도 초상화

서 조선과 일본의 양 민족이 同源 · 同種이라고 주장했다. 그리고 이러한 同源同祖
論은 任那 문제를 비롯한 일본의 南朝鮮經營說에 뒷받침되어, 태고 이래 일본이 조
선을 지배했다는 침략적 우월성을 근거하고 있었다. '조선과 일본이 같은 조상으
로부터 피를 나눈 近親 관계에 있고 태고 이래 조선이 일본의 지배하에 있어서 조
선에 대한 일본의 가부장적 지배가 가능한 것이라면, 조선은 이제 일본에 대해 外
國 · 外民族은 될 수 없으므로 일본에 흡수되지 않으면 안 된다.'며 '일제의 조선
강점을 합리화'했다.[출처:daum백과사전(http://enc.daum.net/dic100/contents.
do?query1=b18a1580b)(강조는 인용자)

7)　이에 대한 논의는 권순철,「퇴계 철학 원형의 탄생과 식민지적 근대성」은 좋은 참
　　고가 될 것이다.

8)　최근 필자는 이러한 관심에서 근대기에 유포된 초상화에 주목하고 있으며「근대 한
　　국, 일본《양명선생초상》의 사상적 전략」을 쓴 바 있다.[최재목,「近代韓國,日本《陽
　　明先生肖像》之思想戰略」,『王陽明學術思想國際硏討會論文集』, 王陽明學術思想國
　　際硏討會(餘姚市人民政府/浙江省國際陽明學硏究中心), 2007.4.27.] 퇴계의 초상
　　화 연구도 같은 맥락에서 준비된 것이다.

9)　인물해설: 이강칠 · 이미나, 복식해설: 유희경 외 9인,『歷史人物肖像畵大事典』(서
　　울: 현암사, 2003).

10)　문화공보부 문화재관리국 편,『도산서원중수지』, (서울 : 문화공보부 문화재관리
　　　국, 1970)

에 대한 건은 기록되어 있지 않다. 그렇다면 정말 퇴계 초상화는 없는 것일까? 일반적으로 퇴계의 초상화는 신구 천원권 지폐를 통하여 잘 알려져 있다. 그러나 이 초상화도 현대에 그려진 것이다. 전해오는 것이 있으면 그것을 사용할 일이지 왜 새로 그린 것일까? 퇴계 같은 인물이 초상화가 없다는 것이 사실인가. 아니면 있긴 있었는데 어떤 이유로 소실되어 버린 것일까. 등등의 의문이 꼬리를 물기 시작한다. 필자는 이와 같은 문제의식을 갖고, 오래전부터 퇴계 초상화 및 동상, 흉상 등을 조사해왔다. 일단, 나는 퇴계 생존 당시 혹은 서거 직후 肖像畵가 그려졌다는 기록은 보지 못했다.

이 글에서는 이제 지금까지 필자가 조사한, 退溪肖像畵, 아울러 그의 銅像·鐵像·胸像을 검토하며 '近·現代期 '退溪像' 탄생에 대한 성찰을 해보고자 한다.

Ⅱ. 退溪 肖像 관련 자료

아래에서는 퇴계의 초상에 관련된 자료, 즉 ① 京城婦人科病院長 工藤武城(쿠도 다케키) 소장 초상화, ② 玄艸 李惟台 화백이 그린 초상화와 이에 기초한 신구권 천원권 지폐의 초상화, ③ 中國 「武夷書院」에 게시된 초상화, ④ 日本 小川晴久 敎授의 초상화를 설명하기로 한다.

아울러 기타 퇴계의 모습을 담은 退溪의 鐵像, 銅像으로서 ⑤ 대장장이 裵純이 철로 만든 退溪鐵像 이야기, ⑥ 박정희 정권기에 만들어진 서울 南山의 退溪銅像, ⑦ 최근에 만들어진 紹修書院의 退溪銅像

에 대해서도 간략하게나마 소개를 하고자 한다.

1. 京城婦人科病院長 工藤武城 所藏 退溪肖像

최근 필자가 국립중앙도서관의 원문DB를 검색하다가 昭和9年 (1934年) 9월 18일, 京城府의 朝鮮事情協會出版部에 나온 『日本の敎 育精神と李退溪 附李栗谷の擊蒙要訣と時事』[11]라는 책이 있어, 혹시 나 하며 내용을 살피다가 그 속에 들어있는, 현재의 천원권 지폐와는 風貌가 다른, 새로운 초상화를 알게 되었다. 여기에는 율곡 초상화뿐 만 아니라 退溪歌, 栗谷歌도 들어있다.[12] (아래 〈그림〉 참조). 退溪歌, 栗谷歌는 長根禪提 作詞, 大場勇之助 作曲으로 되어 있다. 이처럼 초 상화에다 노래까지 곁들여져 있다는 것은, 일제의 한국 통치를 위한

---

11) 이 책의 표지에는, 朝鮮總督府學務局長 渡邊豐日子 閣下序, 京城婦人科病院長 工 藤武城 先生 校閱幷序, 그리고 善隣商業學校 講師 高田誠二 · 朝鮮事情協會主幹 藤原一毅 共著로 되어 있다.

12) 입 모양이 좀 이상한 이 율곡의 초상화는, 퇴계의 경우와 마찬가지로 구체적인 설 명이 없기에, 누구에 의해 어떻게 만들어진 것이며, 또한 어떻게 입수했는가를 알 수가 없다.

[그림 1] 李栗谷 肖像畵   [그림 2] '李栗谷' 노래(長根禪提 作詞, 大場勇之助 作曲)

하나의 방법이었음을 알 수 있다. 즉 한국을 일본 정신사 속에 편입시키기 위해 退溪와 栗谷의 초상화를 '시각적 이미지'로 활용하고, 여기에다 노래를 더하여 '청각적 효과'를 높인, 이른바 아동 내지 국민들의 이념교육을 위해 '고전적 방법'을 동원한 것이라 생각한다.

다만 『日本の教育精神と李退溪 附李栗谷の擊蒙要訣と時事』의 머리 부분에 실린 高田誠二의 쓴 「自序」(16쪽)에서는 다음과 말한다.

> 京城婦人科病院長工藤武城氏는 博學多趣味하여 李退溪에 대해서도 조예가 깊고, (中略) 특히 卷頭에 실은 여러 장의 사진은 대개 工藤氏가 소장한 것을 촬영한 것이다.

그런데 이 설명 이외의, 사진의 원본이 된 '退溪肖像畵' 입수나 제작 경위에 대한 어떤 설명도 없다. 다만 분명한 것은, 퇴계초상화는 京城 婦人科病院長이던 工藤武城가 소장하고 있는 많은 퇴계 관련 물품 가운데 하나였다는 점이다. 그렇다면, 이것은 그가 수집한 것일까. 아니면 어떤 의도로 그린 것일까? 아니면 그런 의도로 그려진 것을 입수한 것일까? 모두 불분명하다. 필자가 처음 이 초상화를 발견하고 우선은 반가운 맘도 있었다. 하지만, 그것이 어떤 것인지 확정할 수 없어 의문만 증폭되었다. 이에 일부러 최근 일본을 방문하여 여러 통로로 工藤 武城라는 사람, 또 그 후손의 소재를 찾는 등의 노력을 해보았으나 아직까지 분명한 단서를 찾지 못한 상태이다.

그래서 위의 책에 실린 초상화만의 정보를 가지고 工藤 所藏의 퇴계초상화를 살펴본다면, 그것은 아마도 일제식민지기 이전이나 그 시기 혹은 책이 간행된 昭和9年(1934年) 즈음에 누군가에 의해 그려진 것으로 우리 전통의 화풍보다는 근대 일본 화풍이 가미된 초상화처럼 생각된다.[13] 다만, 현재 新舊 천원권 지폐와 마찬가지로 왼쪽 얼굴과 어깨를 많이 드러낸, 우리나라 전통 초상화의 대부분을 차지하는 이른바 '왼쪽 측면상'[14]이고, '程子冠'에다 '흑색'의 深衣[15]를 입은 便服차림으로 보이기도 한다. 하지만, 당시 사대부들의 초상화가 일반적으로 幅巾이거나 程子冠에다 백색의 深衣를 입은 便服차림이었다는 것을 고려한다면 좀 특이한 복장이다.

[그림 3] 책 속표지

[그림 4] 退溪肖像畵

[그림 5] '李退溪' 노래
(長根禪提 作詞,
大場勇之助 作曲)

다시 말해서, 工藤가 소장한 退溪肖像畵를 좀 더 살펴보면, 이 초상

---

13) 이 부분은 앞으로 전문가에 의한 고증이 필요하다.
14) 왜 우리의 초상화는 왼쪽 측면상이 많은가에 대한 과학적인 근거와 동서양의 비교에 대해서는 http://blog.naver.com/snlover5/130023703111를 참고바람.
15) 주자학과 함께 송에서 전래된 것으로 유학자들의 관례복과 법복으로 착용되었다. 흰색이며 위와 아래의 치마가 연결된 옷이다.

화는, 『歷史人物肖像畵大事典』에 실려 있는 金炳國(순조25/1825 광
무8년/1904)의 초상화[16]에 보이는 '程子冠-周衣' 차림과도 – 얼굴의
'측면-정면', 옷(深衣 便服)의 '흑색 – 백색'의 차이를 빼면 – 흡사함
을 알 수 있다. 이 '程子冠-周衣'차림의 '文人肖像畵'는, 『歷史人物肖
像畵大事典』의 金炳國 항목의 설명에 따르면, 고종 31년(1894) 甲午
服制(衣服)改革 이후 왕족과 함께 대부분의 사람들(선비들 포함)이
갖추는 복장이라고 한다.[17] 그런데, 고종은 복제개혁 이후에 내친 김에

---

16) 김병국의 조상화는 나음과 같다.[『歷史人物肖像畵大事典』, 515쪽)]

[그림 6] 김병국의 초상화

17) 『歷史人物肖像畵大事典』, p.514에서는 다음과 같이 말한다 : 「초상화의 복식은 程
子冠과 周衣로 보이는 조선 말기 사대부의 便服 차림이다. '程子巾'은 북송의 대
유학자 程顥·程頤 형제를 일컫는 程子에서 유래 되었으나 그 형태는 중국에서도
뚜렷하게 전해지지 않는다. 우리나라의 정자관은 조선 말기부터 사대부의 편복용
관모로 널리 사용되었다 형태는 관 윗부분이 물결 모양의 사각형으로 이어진 이
층의 內墻과 外墻으로 되어 있고, 전후좌우 봉우리의 기복이 심하며 冠頂은 터져
있다. 정자관은 관의 좌우가 크게 벌어지면서 본래의 형태를 잃어버린 東坡冠을
기본 틀로 삼아 조선 말기에 자체적으로 만들어진 듯하다.[참고로 東坡冠은 조선
전기부터 明나라에서 전래되어 한말까지 사용되었다. 관을 쓸 때는 먼저 망건을
쓰고, 그 위에 탕건을 쓴 다음, 관을 쓴다. 말총으로 만든 망건과 탕건 위에, 말총으
로 만든 동파관을 썼기 때문에 걸끄러워 벗겨지지 않았다. 형태는 모서리는 이마
중심에 두고 사방으로 위로 약간 펴져 나간 二重冠이다. 인용자 주] 周衣는 일반
士庶人이 착용하던 옷으로, 두루마기라고도 한다. 형태는 무가 있으며, 양 옆을 막
았고 소매 폭이 좁다. 삼국시대의 기본 포가 변하여 두루마기가 되었다. 조선 중기
이후 상류층은 소매가 넓은 포를 입으면서 포의 받침옷으로 주의를 입었고, 서민
층은 겉옷으로 입었다. 고종 21년(1884) 갑신의복개혁 당시, 고종이 소매가 넓은

검은색 두루마기를 장려했다. 흰색이 때가 잘 타는 등 '비경제적'이라는 이유에서였다. 1903년에는 옅은 색 두루마기를 아예 금지하고 검은색만을 입도록 했다고 한다. 포졸들은 검은 두루마기가 아니면 지나가지 못하게 했고, 흰옷에 먹칠을 하기도 했다. 이러한 조치는 단발령만큼이나 민심을 들끓게 하여 곳곳에 충돌이 빚어지고 소란이 일었다. 급기야 「국모 명성황후의 원수도 갚지 못했는데, 흰 상복을 벗는다는 것은 온당치 않다.」라는 상소가 올라왔고, 그 뒤에 단속이 느슨해졌다고 한다.[18] 이 내용을 고려한다면 工藤이 소장한 퇴계초상화는 고종이 검은색 두루마기를 장려한 1903년을 전후한 그림으로 볼 수도 있을 것이다.

위의 工藤이 소장한 退溪肖像畵의 경우, 이미 지적한대로 '검은 색 두루마기'도 종래의 초상화에서 잘 볼 수 없는 특이한 점이지만, 얼굴

옷의 착용을 금하고 관리와 서민이 같은 주의만 입도록 하자 유림들은 강력하게 반발하였다. 고종 31년(1894) 갑오의복개혁 이후 왕족과 함께 대부분의 사람들이 주의를 입기 시작하여 오늘에 이르렀다.」
중국의 문인 초상화에 등장하는 복장이 한국에 들어와 변형된 것으로는 예컨대 崔南善이 만든 『少年』제 4년 제2권 5월호(종간호, 1911. 5. 15)에 실린 王陽明肖像에서 볼 수 있다. 예컨대 幅巾에다 문무관리들이 평상시 일할 때 입는 常服 차림이, 한국에 와서는 복건은 그대로이지만 周衣로 바뀌고 있다.

[그림 7] 玉圻 編『三才圖會』의 陽明肖像畵   [그림 8] 『少年』지의 陽明肖像畵

18) 黃玹의 『梅泉夜錄』 참조.

또한 온화하지 않고 너무 엄격하고 강직해 보인다. 『退溪先生言行錄』
에 보면 퇴계는 '성격이 온후하고 인자하여 가까이 하면 훈풍을 대한
듯하다'고 제자들이 평가하고 있다.[19] 이에 근거하여 외국의 학자들
도 퇴계의 인격을, 중국사상사에서 마음이 따뜻했던 인물의 대명사인
'顔回'나 '程明道'에 비기고 있다.[20] 물론 퇴계가 이렇게 온화하고 온건
하기만 했던 것은 아니다, 오늘날 퇴계를 비판하는 글들에는 주자학
을 존중하고 양명학을 맹렬히 비판했던 모습이 분명 있는 것처럼 학
문적 태도에서 보이는 '엄격성'도 있다. 퇴계를 바라볼 경우 이 양면은
모두 존중되어야 한다.[21] 그렇다면 퇴계상은 온화함+엄중함이 되어야
한다.

　그런데, 工藤 所藏의 퇴계초상화에는 온후한 맛이 하나도 없고 차
가우리만큼 엄격함만 존재한다. 만일, 이 그림이 앞서 언급한대로 日
帝의 어떤 의도 하에 창출된 것이라면 그 기획의 본질은「일본의 교육
정신(日本の敎育精神)」과「李退溪(그리고 李栗谷)」를 연결한 일제의
同和 정책의 일환이 아니었을까? 다시 말해서 內鮮一體論・日鮮同祖
論의 합의를 이끌어 내거나 아니면 그런 정신적 작업을 위한 상징 조
작의 이미지를 염두에 둔 '퇴계초상화 활용'으로 추측된다. 그래서 복
장은 文人이지만, 얼굴은 武人적 기풍을 각인시키려 한 것은 아니었

19) 국제퇴계학회대구경북지부, 『退溪先生言行錄』, (국제퇴계학회대구경북지부,
　　1994) 참조.
20) 아베 요시오, 『퇴계와 일본 유학』, 김석근 옮김, (서울: 전통과 현대, 1998), 53-55
　　쪽 참조.
21) 김호태, 『헌법의 눈으로 퇴계를 본다』, (서울: 미래를 여는 책, 2008), 272-74쪽 참
　　조. 아울러 이에 대해서는 최재목, 「李退溪의 陽明學觀에 대하여 - 퇴계의 독자적
　　心學 형성에 대한 一試論 - 」, 『퇴계학보』제113집, (퇴계학연구원, 2003) 속의 양
　　명학 및 왕양명 비판 부분을 참조.

을까? 겉은 '선비(儒者)-朝鮮的'이지만 내면적 기풍은 '사무라이(武
士)-日本的'로 연결했던 것은 아닐까? 이런 문맥이라면 이퇴계라는
한국을 대표하는 賢人의 초상화가 「退溪歌」와 함께 유포되는 것은 무
엇 때문인가? 이것은 다음의 明治天皇의 당당한 초상 사진 유포가 모
든 학교에서는 경축일에 '御眞影'에 대한 예배와 교육칙어의 봉독이
합쳐진 의례가 실시되는 맥락에서 중요한 의미를 갖는 것과 같다.

　　현재 우리들의 출판물에서 자주 보는 明治天皇의 당당한 초상 사진
　　은 1888년에 만들어졌다. 이 연도는 대일본제국헌법의 제정(1889) 및
　　천황제 교육의 또 다른 기둥인 敎育勅語의 발포(1890)와 거의 겹쳐진
　　다. 일찌감치 시작된 '御眞影'의 하사는 이 시기부터 교육제도의 말단
　　인 소학교에서까지 실시되었고, 그 결과 모든 학교에서는 경축일에 '御
　　眞影'에 대한 예배와 교육칙어의 봉독이 합쳐진 의례가 실시되었다. 시
　　각적 이미지와 언어적 메시지가 결합되어 臣民敎育의 훌륭한 장치가
　　된 것이다.[22]

「敎育勅語」의 사상적 원천을 소급하면 퇴계에 닿으니, 퇴계를 숭상
하면 대일본제국과 천황을 숭상하는 묘한 논리적 중첩을 읽어낼 수
있다. 또한 유림을 통제하는 정점에 퇴계초상화가 빛을 발하고 있었
던 것이다.
　위와 같이 '일본의 교육정신+이퇴계'라는 도식을 만드는데 큰 역할
을 한 工藤武城은 누구인가? 이미 잘 알려진 대로 일본에 들어간 퇴계
의 학문은 '退溪學統'을 만든다. 이 퇴계학통을 이어가는 중심인물 가

---

22) 타키 코지, 『천황의 초상』, 박삼헌 옮김, (서울: 소명출판, 2006), 3-4쪽.

운데 九州 熊本 지방에 大塚退野(1677-1750)라는 인물이 있는데[23)]

23) 일본 근세 유학의 開祖인 藤原惺窩는 처음에 승려였는데, 그가 아직 승려로 있을 때 조선에서 使臣으로 간 鶴峰 金誠一(1538-1593)과 필담했으며, 그 후 丁酉再亂 (1597-1598) 때 포로로 끌려 간 牛溪 成渾(1535-1598)의 門人이었던 睡隱 姜沆 (1567-1618)과 親交한 것이 還俗을 결심하는 중요 계기가 되었다고 한다.
특히 惺窩는 퇴계의 글을 읽고 그의 인격에 탄복하여 그 학술에도 관심을 가지게 되며, 그가 가장 존중하고 믿었던 책은 퇴계가 跋文을 붙여 간행한 〈延平答問〉이었다. 그리고 그의 문인 羅山에게도 이 책을 숙독·완미할 것을 당부하였으며, 惺窩와 羅山은 이퇴계의 저술 〈天命圖說〉을 읽고 사상을 深化해 갔던 것이다. 羅山은 퇴계의 학식에 매우 감탄하여 마침내 〈天命圖說〉에 발문을 쓰고 그 간행을 도왔다고 한다. 惺窩의 영향을 받은 羅山도 惺窩와 마찬가지로 퇴계의 학문적인 위대성을 평가하였지만, 퇴계의 학문적인 진가가 드러나게 되는 것은 闇齋에 의한 것이라고 할 수 있다.
예컨대 闇齋는 퇴계의 주요저서인 『李退溪文集』과 『自省錄』을 구해 읽으면서 주자학자로서의 지위를 확립하였다. 그래서 闇齋는 퇴계를 주자에 비길만한 훌륭한 학자로 평가할 뿐만 아니라 조선 최고의 학자로 평가하였다. 闇齋의 문하에는 佐藤直方(1650-1719), 淺見絅齋(1652-1711), 三宅尙齋(1662-1741)의 이른바 '崎門三傑'이 있었는데, 그 중에서도 直方은 더욱 퇴계에 기울어 그(퇴계)를 '道學'의 모범이 되는 인물로 추앙하고 있다. 直方에게는 제자로서 稻葉迂齋·稻葉默齋 父子가 있는데 이들도 스승의 학문을 전수한 탓에 闇齋의 학문을 계승하고, 直方의 학문에 기울게 됨으로써 퇴계를 받들게 된다.
稻葉 父子는 현재 千葉縣 東金地方에서 주자학을 중심으로 하는 山崎闇齋·佐藤 直方의 학문을 많은 농민들에게 본격적으로 '道學'을 전파하였다. 이를 보통 '上總 道學'이라 일컫는데 오늘날까지도 그 학문적 전통이 전해오고 있다. '上總'이란 일본의 옛 나라 이름으로 '카즈사'(かずさ)로 읽는다. 上總은 南總이라고도 하며 '下總'(시모우사/しもうさ. 현재 千葉縣의 북부 및 茨城縣의 일부에 해당함. 北總이라고도 함)과 대칭되는데 현재의 千葉縣 中央部에 해당한다. 다시 말해서 退溪-直方-稻葉父子로 전해진 유학이 서민의 학으로서 뿌리내린 것이다. 또한 山崎闇齋의 주자학파들이 활동하던 무렵 九州 熊本에는 大塚退野(1677-1750) 등에 의한 주자학이 융성하였다. 退野 등은 퇴계를 尊信하였는데 그것은 佐藤直方의 학파를 능가했다고 한다. 大塚退野의 '退'자는 퇴계를 존신한 나머지 그 '退' 자를 따온 것이라 한다. 大塚退野는 처음에 陽明學·中江藤樹의 학을 신봉하고 있었으나 28세 때 퇴계의 『自省錄』을 읽는 가운데 程朱의 뜻을 알아 程朱學으로 전향하였다고 한다. 또한 그는 퇴계의 『朱子書節要』에 침잠하여 마침내 自得開悟하였다. 마찬가지로 退野의 同學이며 형으로 섬겼던 藪孤山(1735-1802)은 『자성록』과 『주자서절요』 등에 심취하여 「百歲 뒤에 朱子의 業을 이어받는 자는 퇴계 뿐이

工藤武城의 아버지는 이 大塚의 門弟이며, 아울러 大塚의 손자는 모두 工藤武城의 鄕學의 同窓이었다. 이것은 『日本の敎育精神と李退溪 附李栗谷の擊蒙要訣と時事』의 첫 머리에 수록된 다음의 工藤武城의 「序를 대신하는 말」에 잘 드러나 있다.

나는 西陲肥後의 寒村玉名에서 태어났다. 鄕里에 碩學 한 사람이 있었다. 退野先生이라고 한다. 나의 아버지는 그의 門弟이며, 선생의 손자는 모두 나의 鄕黌의 同窓이었다. 이 大塚退野先生이 朝鮮 李退溪의 學統을 일본에 전한 事蹟은 본서에 상세하게 설명되었기에 나는 다만 어릴 때부터 보고 들은 바에 의해 이 학설이 明治聖帝의 敎育勅語와 어떠한 인연으로 맺어 졌던가의 外傳에 대해서 서술해 보겠다.

(중략)

다행히 조선 18儒賢 중 拔群의 退溪學統이 일본에 들어가 退野, 東野에게 새로운 생명을 불어 넣어 교육선교가 되어 팔도방방곡곡의 민중을 구하고 鷄林의 回生에 밑바탕이 되었던 것이다.

다」라고 하였다. 또한 退野의 문하에서는, 일본의 커다란 역사적 전환기인 幕末維新 때에 퇴계학을 존숭하는 橫井小楠(1809-1869)이나 元田永孚(1818-1891) 등의 인물이 배출되어 중요한 역할을 담당하였다. 특히 元田永孚는 明治 日王(天皇)의 侍講으로서 유럽화 일변도였던 명치초기의 사조를 깊이 우려하여 국민교육의 핵심이 될 부분을 전통적인 유학사상에서 구하고, 여기에 서구적인 감각을 가미하여 일본의 교육 방침 확립에 크게 기여한 인물로 잘 알려져 있다. 즉 일본의 『敎育勅語』의 起草는 그의 손에서 이루어지고 大學의 古典科 설치도 그의 건의에 의한 것이라고 한다. 그는 「程朱의 학은 조선의 이퇴계에게 전해졌으며 退野 선생이 퇴계가 편집한 주자서절요를 읽고 초연히 얻은 바 있었다. 나는 지금 退野의 학을 전하여 이를 지금의 황제에게 바친다」고 하였다. 이와 같이 熊本의 大塚退野 문하에서 흠모, 존경받은 퇴계의 학문 내용이 일본인의 여과장치(filter)를 거쳐 근대일본의 국가 형성에 간접적이지만 적지 않게 반영되었다고 보는 관점이 일제강점기에 충분히 이용 혹은 활용된다.[이기동, 최재목, 「序文」, 『퇴계학 연구논총 7: 일본의 퇴계연구』, (경북대학교퇴계연구소, 2000), 12-14쪽 참조]

본서의 목적은 이 因緣 관계를 천명 하려고 하는 것이어서 참으로 괜찮은 기획이라고 생각하여 退野선생과 同鄉에서 태어나고 聖敎頒賜에 대해서 다소 알 수 있는 바의 경위를 기록하여 서에 대신하기로 하였다.[24)]

한일 간을 잇는 '퇴계학통'이라는 명분 있는 카드(=키워드)를 통해서 일제강점기에 창출된 李退溪像은 한일의 학술 문화의 '架橋的' 인물이자 한일을 하나로 묶는 정신적 外交 역할을 한다. 이것은 이른바 內鮮一體 · 日鮮同祖論의 논리를 뒷받침하는, 韓日을 하나로 묶는 정신적 맥락 내지 매개의 역할을 한 것으로 보인다. 과거 일본은 江戶期에 퇴계를 통하여 주자학을 배웠으며, 明治期의 敎育勅語 또한 퇴계를 존숭하는 인물들이 창출하였기에 天皇을 정점으로 하는 일본 근대 제국의 精神은 퇴계와 맥락이 닿아있다는 논리를 만들어간다. 'give and take' 관계에서 보면 'take' 쪽인 일본이었다. 그런데 이제는 일본이 'give'의 단계에 접어들었고 그것은 과거 'give' 쪽이었던 조선에 은혜를 갚는 것은 당연한 처사라는 매끈한 논리적 근거와 문맥을 만들어낸다. 일제는 퇴계(아울러 율곡)를 움직이면, 일제강점기하이긴 하지만 한국의 실질적인 지도층인 兩班 儒林, 儒生등을 통제할 수 있고 아울러 일본과의 정신적 문화적인 동질성을 이끌어낸다는, 이른바 '두 마리 토끼'를 잡을 수 있다는 전략을 구사한다.

흥미로운 것은 이 당시 '日本의 敎育精神' + '李退溪'라는 세트화된 총독부의 교육정책이 이미 학교 현장에서 시행되고 있었다는 점

---

24) 高田誠二 · 藤原一毅, 『日本の敎育精神と李退溪 附李栗谷の擊蒙要訣と時事』, 1-2쪽, 14쪽. 이 책의 표지에는, 朝鮮總督府學務局長 渡邊豐日子 閣下序, 京城婦人科病院長 工藤武城 先生 校閱幷序, 그리고 善隣商業學校 講師 高田誠二 · 朝鮮事情協會主幹 藤原一毅 共著로 되어 있다.

이다.[25] 예컨대, 大邱公立女子普通學校에서도『日本の教育精神と李退溪 附李栗谷の擊蒙要訣と時事』가 간행되기 6개월 전인 昭和9年(1934年) 3월 18일「李退溪先生」이란 제목의 책이 '비매품'으로 발간된다. 다만 마지막 페이지의 書誌事項은 手筆로 되어있다.[26] 같은 내용의 책이「李退溪先生傳」(昭和9年의 책에 '傳' 자가 추가)이란 제목에다,「陶山書堂」의 그림이 붙은 속표지,「陶山書堂 사진」·「李退溪先生 筆 千字文」(大邱公立女子普通學校所藏)가 첨부되어 昭和10年(1935年) 마찬가지로 '비매품'으로 간행된다. 手筆이었던 書誌事項은 인쇄로 바뀌었다.[27] 이 두 책은, (다른 학교에서도 일반적이었던지 어

---

25) 이 부분은 교육정책의 측면에서 다시 연구되어야 한다.

26) 이것을 참고로 들면 다음과 같다.

[그림 9]「李退溪先生」(昭和9年)의 表
　　　　紙(좌)
[그림 10] 書誌事項 (우)

27) 참고로 이것을 들면 다음과 같다. (모두「李退溪先生傳」(昭和10年) 에 포함되어
　　있는 내용임)

[그림 11] 表紙　　　[그림 12] 속표지　　[그림 13]「陶山書堂 사진」[그림 14] 書誌事項
　　　　　　　　　　　　　　　　　　　　　　　　　　　　·「李退溪先生 筆 千字文」

떤지는 조사를 해봐야겠으나) 모두 大邱公立女子普通學校 학생들에게 李退溪先生 傳記를 가르치기 위한 것이었던 것으로 보인다. 그런데, 이 두 책에는 모두 退溪肖像이 실려 있지 않다. 그리고,「李退溪先生傳」의「陶山書堂사진」은『日本の敎育精神と李退溪 附李栗谷の擊蒙要訣と時事』(昭和9年)에 실린 工藤武城 소장의 도산서원 사진[28]과도 닮아있다. 이처럼「李退溪先生」·「李退溪先生傳」과 같은 학교의 교재에 등장하지 않던 퇴계초상이 6개월 뒤의『日本の敎育精神と李退溪 附李栗谷の擊蒙要訣と時事』에 실리는 것은 우연이 아니라는 생각이 든다. 工藤武城은 학교교육에 부응하는 의도를 가지고 퇴세초상 사진을 제공하였을 것이다. 어쩌면 工藤武城은, 일제가 한국을 일본의 정신적 예속과 지배를 정당화하는 논리 속에, 인문학적 첨단 자료를 제공하는 형태로 '근대적 의미의 퇴계상'을 창출하는데 관여하고 있었던 것이다.[29] 실제 그는 總督府의 학술정책과 의료정책 등에 크게

---

28) 참고로 들면 다음과 같다.

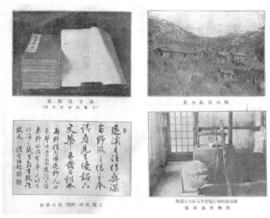

[그림 15] 도산서원 사진은 그림 우측 위

29) 이러한 지적은 권순철,「퇴계 철학 원형의 탄생과 식민지적 근대성」,『전통과 현

기여한 인물로 보인다.[30] 朝鮮總督府의 御用新聞『京城日報』(본사 서울)에 실린 1938년 4월 21일 -23일 3회에 걸쳐 斷種法에 찬성하는 발언[31]을 하는 등 총독부의 의료정책에도 가담하고 있다. 工藤武城 자체에 대한 연구는 이제 시작이며, 그와 관련된 퇴계연구, 아울러 자료 수집의 범위 등도 연구되어야 할 것 같다.[32]

2. 玄艸 李惟台 화백이 그린 퇴계초상화와 천원권 지폐 속의 퇴계초상

위의 工藤武城 所藏 퇴계초상은 우리에게 거의 알려지지 않은 것이다. 이에 반해, 한국화가 玄艸 李惟台(1916-1999) 화백이 그린 퇴계초상은, 우리가 상용하는 천원권 지폐에 들어 있기도 하여 매우 잘 알려져 있는 것이다. 사실 이 초상의 이미지로 퇴계는 국내외의 많은 사람들에게 기억되어 있는 것이다.

대』통권 22(2002년 겨울호), (전통과 현대, 2002)를 참고바람.

30) 工藤武城는 의료 분야뿐만이 아니고 학술, 종교 등 다양한 방면에 영향력 있는 글을 쓰고 있다. 이것은 그가 총독부의 한국 식민정책에 어떻게 기여했는가 하는 것을 잘 보여준다. 쿠도의 저작들은 매우 많은데 쿠도 다케끼,『조선 특유의 범죄-남편 살해범에 대한 부인 과학적 고찰-』, 최재목 · 김정곤 옮김(영남대학교 출판부, 2016)의 「부록」에 실린 〈참고목록〉을 참고바람.

31) 이에 대해서는 瀧尾英二,『朝鮮ハンセン病史: 日帝植民地下の小鹿島』, (東京: 未來社, 2001), 209쪽을 참고바람.

32) 이에 대해서는 다음의 연구과제로 돌린다.

[그림 16] 이유태 화백의 이퇴계초상　　　　　　[그림 17] 이유태 화백[33]

이 초상화는 李惟台의 70년대 화풍을 드러내 보이는 그림[34]으로, 박
정희 정권기에 속하는 1974년에 그려진 것이다. 원명은「退溪 李滉先
生 影幀」이다. 종이에 수묵채색의 그림이며, 천원권 지폐에 넣기 위하
여 만들어진 것으로 현재「韓國銀行」이 소장하고 있다. 幅巾에다 深衣
를 입은 사대부의 便服 차림이다. 工藤武城 소장의 程子冠과는 風貌
가 좀 다르다. 이것은 현재까지 천원권 신구권 지폐의 그림으로 사용
되고 있어 국내외에 잘 알려진 것이다.

그런데, 이 초상화를 두고 학계와 민간에서도 논란이 많았고, 현재
도 그 불씨가 여전히 남아있다. 예컨대, 김민수 교수(서울대 미대 디자
인학부)는「천원권의 퇴계 이황 초상은 친일경력의 화가 이유태가 그
린 것으로, 이유태는 천원권 이황에 자신의 얼굴을 심하게 그려 넣는

---

33) 출처: http://www.kcaf.or.kr/art500/ytlee/main.html
34) 이유태의 70년대 화풍은 http://www.kcaf.or.kr/art500/ytlee/main.html을 참조.

웃지 못할 코미디를 보여주기도 했다.」[35]고 평가했다. 실제 이유태의 얼굴과 퇴계 최상화는 야윈 모습이나 얼굴선이 약간 닮아 있다. 김민수 교수는 「기껏 식민미학의 감동만이 파도치는 얼빠진 초상으로 디자인돼 있는 모습. 언제까지 한국 화폐 속 인물 도안을 하나같이 존재감이 상실된 정신 나간 모습으로 방치해야 하나.」[36]라고 이의를 제기한다.

퇴계초상의 가녀린 얼굴이 이유태 화백 만년의 왼쪽 측면 사진과 흡사한 것은 사실인 것 같다. 화백 자신을 만년의 모습을 퇴계초상에 심어둔 듯한 착각을 일으킬 정도이다. 더구나 이유태 화백은 친일화가라는 꼬리표를 달고 있다. 그래서 工藤武城 所藏의 퇴계초상와 마찬가지로 일본과 관련된 부정적인 이미지와 연관되어 있다.

[그림 18] 구 천원권 지폐

[그림 19] 신 천원권 지폐

위의 신구권지폐 속의 이퇴계 초상화에 대해서 많은 사람들이 불만을 표시해왔다. 어느 기사에는 「유림·후손 '1,000원권 퇴계 모습 고쳐져야'」라는 제하에 '복건 쓴 퇴계 선생의 모습이 이번엔 고쳐져야

---

35) 최문주, 「천원권 퇴계 초상은 친일화가 자화상」, 『시민의신문』(2006-02-28)
http://blog.naver.com/one2only?Redirect=Log&logNo=90002129096
36) 최문주, 「천원권 퇴계 초상은 친일화가 자화상」, 앞과 같은 곳.

했었는데….' 라는 말을 적고 있다.

유림 서수용(48.서울 송파구 자원봉사센터 소장)씨는 새 1000원권 속 퇴계(退溪) 이황(李 滉) 선생이 여전히 머리에 복건을 쓰고 있는 모습에 불쾌감을 숨기지 않는다.

선생의 초상화가 '병색에 파리한 모습'인 것은 근거 자료가 없어 감수할 수 있지만 머리에 쓴 복건은 '싫어했다'는 분명한 기록이 있어 그냥 넘어갈 수 없다는 것이다.

퇴계의 제자 김성일은 '김취려라는 사람이 복건(幅巾)과 심의(深衣)를 만들어 보냈다. 선생이 말씀하시기를 "복건은 승건(僧巾)과 같아서 쓰는 것이 좋지 않을 것 같다"며 심의를 입고 정자관(程子冠)을 썼다'는 기록을 남겼다. 또 제자 이덕홍도 관련 기록을 남겼다.

정자관은 주자(朱子)의 스승인 정자가 즐겨 썼으며 5000원권에 나오는 율곡 이이 선생이 쓰고 있는 관이란 것.

서씨는 "선생이 싫어한 복장을 틀린 줄을 알고도 그냥 두는 것은 도리가 아니다"고 말했다. 후손들도 나서기를 주저할 뿐이지 심기가 불편하기는 마찬가지다.

후손인 퇴계학연구원 이윤희(63) 간사장은 "이 문제는 오래 전부터 논의돼 왔다"며 "복건은 분명 아니며 지금은 얼굴과 관련된 기록을 수집중"이라고 설명했다.

이 간사장은 "한국은행 등 정부 쪽에 이 문제를 공식 제기하는 것을 검토하기도 했지만 시끄러워질 걸 우려해 뜻만 전달했다"고 덧붙였다.

퇴계 선생의 초상화는 전하는 것이 없다. 그래서 초상화는 1983년 첫 선을 보인 1000원권을 만들면서 이유태(1916-1999) 화백이 고증을 토대로 상상화를 그렸다. 이후 초상화는 문화관광부의 표준영정으로 채택됐다.

한국은행도 복건의 문제점은 알고 있었다.

한국은행 발권과 박운섭 차장은 "도안 변경계획 발표부터 확정까지 3개월 여유밖에 없어 현실적으로 초상화를 새로 그릴 여유가 없었다"고 해명한다. 그래서 '병색이다'등 그간의 여론을 반영해 얼굴 부분만 약간 두툼하게 수정했다는 설명이다.

한국은행은 진성이씨 문중 등이 고증을 거쳐 새로 초상화를 제작해 표준영정으로 받아들여지면 지폐 도안 변경도 검토할 수 있다고 밝힌다.[37)]

위의 기사에서 보면 퇴계의 초상화가 근거없이 '병색으로 파리한 모습'이라는 점, 그리고 '幅巾은 僧巾과 같아서 쓰는 것을 싫어했고, 程子冠을 썼다'는 『退溪先生言行錄』에 나오는 김성일, 이덕홍의 기록[38)]을 무시했다는 점 등이 지적되고 있다.

아울러, 연합뉴스에서는, 「누리꾼들 새 1천원권도 '갑론을박'」[39)]이라는 제목으로 다음과 언급하고 있다.

한국은행이 5천원권에 이어 새 1천원권 지폐 도안을 17일 공개하자마자 누리꾼들이 마치 기다렸다는 듯이 또다시 뜨거운 논쟁을 벌이고 있다. 대다수의 네티즌들은 5천원권에서 지적했던 영어와 숫자 조합의 지폐번호를 문제삼고 있으나 1천원권에서는 이황 선생의 초상화가 이

---

37) http://article.joins.com/article/article.asp?ctg=12&total_id=2613480
38) 국제퇴계학회대구경북지부, 『退溪先生言行錄』, (국제퇴계학회대구경북지부, 1994), 111쪽 참조.
39) 이승관 기자(연합뉴스, 2006.01.17) [http://news.media.daum.net/snews/economic/industry/200601/17/yonhap/v11419395.html]

슈가 됐다.

이날 한은 홈페이지(www.bok.or.kr)와 인터넷 포털사이트 등에는 1천원권 지폐가 공개된 직후 수백건의 의견이 쏟아지고 있으며 대부분이 지폐 디자인과 서체 등에 대한 불만에 집중됐다. 한은 홈페이지에 글을 올린 '디자인'이라는 네티즌은 "다른 나라 돈은 세련되고 쓰기도 아까울 정도로 멋있다"며 "우리나라 돈의 디자인은 보드게임에 나오는 가상돈이나 어린이들이 가지고 노는 가짜화폐 같다"고 비난했다.

다른 네티즌은 "어떤 사람이 앞면 초상화를 보고 퇴계 이황 선생이라 할 수 있겠느냐, 어디 아픈 것 같다, 처음에 누군인지도 몰랐다"면서 "찢어버리고 싶을 정도"라고 말했다. 심지어는 "새로 나올 1천원권 지폐에 나온 할아버지가 누군지는 모르겠지만 무척 피곤해 보인다"면서 "색상이나 디자인이 후진국 돈 같아서 실망"이라고 지적한 네티즌도 있었다.

그러나 일부 네티즌들은 새 1천원권이 기존 지폐에 비해 훨씬 산뜻한 느낌이 난다며 옹호하는 입장을 나타냈다.

한 포털사이트에 글을 올린 네티즌은 "(퇴계 이황 선생의 초상이) 무서워 보이지 않고 오히려 친근하고 좋다"며 "푸른빛도 산뜻한 느낌이 드는데 사람마다 느낌이 다른 것 같다"고 말했다.

새 1천원권에 대한 비난과 찬사가 엇갈리는 가운데 재미있는 의견도 심심찮게 등장해 네티즌들을 즐겁게 하기도 했다.

한 네티즌은 이황 선생이 졸린 표정이라는 지적에 대해 "몇십년간 저기 계셨으니 졸리실만도 하다"며 익살을 부렸다.

이 기사도 위와 마찬가지로 '병색이 짙고 피로해 보인다'는 점 등을 언급하고 있다. '어두운 이미지' 보다는 좀 '밝은 이미지'로 그려졌었더라면 하는 바람이 담긴 지적들이다.

3. 中國 「武夷書院」안에 게시된 退溪肖像

중국 지역을 전부 조사한 것은 아니지만, 현재까지 필자가 조사한
바로는, 중국의 福建省과 江西省의 경계에 있는 武夷山에 있는 서원
인 「武夷書院」[40] 안에 安東의 陶山書院 사진과 함께 게시된 퇴계초상
화를 볼 수 있다. 이것은 '오른쪽 측면상', '程子冠 편복 차림'의 현대화
풍 초상화이다. 비교적 밝은 것이 특징이며, 한국의 초상화에 비해 코
가 크다.[41] 현대 어느 중국 화가의 그림으로 추정되지만 정확한 것은
조사하지 못했다.

[그림 20] 중국 「武夷書院」에 게시된
퇴계 초상

---

40) 중국의 福建省과 江西省의 경계에 있는 武夷山에 있는 서원.
41) 여담이지만, 경남 德山에 있는, 중국에서 수입한 남명상도 코가 큰 것이 특징이다.

4. 小川晴久 敎授의 退溪肖像

전 동경대 교수이며 현재 二松學舍大學 교수로 있는 ᅥ이다. 그는 최근에 낸 책(平成17年/2005년) 가운데서 자신이 손수 그린 퇴계상을 신고 있다.[42] 이것은 저작권 문제 발생을 우려하여 구권 천원권 지폐를 보고 손수 模寫한 것이라 한다.

이 퇴계초상 역시, 이유태 화백의 초상에 근거한 구권 천원권 지폐처럼, 병색이 짙고 피로해 보이는 느낌을 그대로 지니고 있다.

[그림 21] 小川晴久 교수가 직접 그린 퇴계초상화

---

42) 小川晴久, 『二松漢文 基礎漢文:思想編』, (東京: 二松學舍大學21世紀COEプログラム, 平成17年), 57쪽.

5. 기타 退溪像

1) 裵純이 鐵로 만든 退溪像

퇴계의 像이 처음 만들어진 것은 아마도 대장장이 裵純으로 보인
다. 鐵像이기는 하나 퇴계상을 가늠할 수 있는 최초의 것이다. 그러나
이것이 전하지 않기에 그 모습을 추정할 수가 없다.

1548년 10월부터 풍기군수로 1년을 재직하는 퇴계는 우리나라의
최초의 賜額書院인 白雲洞書院을 만들고 많은 제자들을 받아들여 가
르쳤다. 그는 계급의 귀천을 차별하지 않고 천민까지도 교육하였다.
이 때 대장장이 裵純도 퇴계에게 배울 기회를 얻는다.

배순이 살았던 곳은 紹修書院에 가까운 배점리였으며, 직업은 冶工
즉 대장장이였다. 그는 신분이 비천함에도 학문을 좋아하였고, 퇴계가
백운동서원에서 가르칠 때 자주 뜰아래에 와서 돌아갈 줄 모르고 즐
겨 청강하였다. 이에 퇴계는 그가 얼마나 알고 있는가를 시험해 보았
는데, 아는 것이 많았으므로 기특하게 여긴 퇴계는 다른 사람들과 함
께 가르쳤다고 한다. 1549년 11월 퇴계는 풍기군수를 그만두고 고향
으로 돌아간다. 그 뒤 배순은 선생의 鐵像을 주조하여 아침 저녁으로
분향하면서 경모하였다고 한다. 22년후 1549년 11월 퇴계가 세상을
떠나자 이 소식을 듣고 배순은 삼년복을 입었으며, 鐵像을 모시고 제
사를 지냈다고도 한다.[43]

---

43) 강구율, 『퇴계선생』권7, (국제퇴계학회대구경북지부, 2006), 84-86쪽 참조.

「裵純旌閭碑」(시도유형문화재 제279호(경북))[44]의 「안내판」(전 포항공대 고 권오봉 교수 지음)에는 다음과 같이 적혀있다.

　　배순은 조선 명종 · 선조 때 사람으로 본관은 흥해이다. 그는 천성과 효성이 지극히 순근(淳謹)하였다. 순흥부의 철공인이지만 학문에 힘쓰므로 퇴계선생이 서원에서 유생과 함께 가르쳤다. 선생이 떠나자 철상(鐵像)을 만들어 모시고 공부하다가 죽은 후는 3년복을 입었다. 배순이 죽은 뒤 이준 군수는 시를 짓고 군민이 기려 정려각을 세웠다. 손자 종이 묘표(墓表)를 세울 때 비를 세웠더니 먼 훗날 7대 외손 임만유가 충신백성이라 새겨 다시 세웠다.

　　소수서원의 퇴계선생 평민교육과 배공이 스승을 받든 이 정려비는 국내 유일의 소중한 보물이며 교육자료이다.

2) 서울 南山의 退溪銅像

「朴正熙 대통령 퇴계 이황 동상 제막식 참여」라는 기사가 1970년 10월 20일자 각종 신문에 실려 있다. 박정희 정권 당시에 만든 것이

---

44) 사진을 참고로 들면 다음과 같다.

[그림 22] 배순정려비

며, 이순신 장군 동산이 대거 건립되던 시기에 건립된 것이다.

서울 남산(용산구 후암동 30-84)에 있는 높이 6.5m의 退溪銅像은 애국선열 조상 건립위원회가 건립한 것이다. 이 동상은 천원권 지폐와 달리 온화하면서도 품격과 위엄을 갖춘 모습을 하고 있다.

[그림 23] 서울 남산의 퇴계 동상

3) 紹修書院 내 「紹修博物館」의 銅으로 된 胸像

경상북도 영주시 순흥면 내죽리에 있는 紹修書院 내의 「紹修博物館」에는 銅으로 된 퇴계 胸像이 비치되어 있다. 이것은 2004년 박물관이 오픈할 때 설치된 것으로, 국내에서는 제일 최근에 만들어진 것으로 보인다(작자와 정확한 제작연도 미조사). 여기서는 서울 남산의 동상과 마찬가지로 병색이나 피로한 모습은 느낄 수 없고, 비교적 온화하면서도 품격과 위엄을 갖춘 모습을 하고 있다.

[그림 24] 소수서원 내의 동으로 된
퇴계 흉상

Ⅲ. 맺는 말

이상에서 필자는 퇴계의 초상, 그리고 퇴계의 모습을 담은 鐵像, 銅像 관련 사항을 소개하고 설명함으로써 함으로써 근·현대기의 역사 속에서 이루어진 '퇴계상' 탄생에 대해 성찰을 할 수 있었다.

京城婦人科病院長 工藤武城 所藏 退溪肖像은 작자·시기가 분명치 않다. 뿐만 아니라 퇴계의 모습도 어색하며, 나아가서 일본의 교육정신과 관련되어 일제의 식민정책 속에 퇴계초상과 정신이 홍보자료로 이용된 인상을 지울 수가 없다. 그렇다 하더라도 工藤의 가문(소재지 미확인)에 소장되어 있을 지도 모르는 퇴계초상을 직접 방문 확인하

고, 그 구체적인 내용을 鑑定할 필요가 있을 것이다.

그리고, 李惟台 화백이 그린 퇴계초상화와 여기에 근거한 천원권 지폐 또한 『退溪先生言行錄』 등의 기록에 입각한 고증으로 온전한 복원에 이르지 못한 흠이 있다. 더구나 이유태 화백은 친일이라는 오명을 불식하지 못하고 있으며, 그가 그린 퇴계초상화 또한 자신의 얼굴을 옮긴 듯한 인상을 지울 수 없는데다, 퇴계의 얼굴이 너무 야위고 어둡고 피로와 병색이 역력한 모습이다.

기타의 중국, 일본의 퇴계초상들도 위의 작품들의 재생산이거나 분명한 고증을 거치지 않고 추측으로 그린 것이다. 아울러 해외 지역에 더 있을 지도 모를 초상화를 조사할 필요가 있다.

이 논문 가운데, 초상화와 더불어 소개한 박정희 정권기에 만들어진 남산의 퇴계 동상[45], 최근에 만들어진 소수서원의 흉상은, 위에서 본 어두운 얼굴의 초상화와는 달리 비교적 '밝고' '위엄 있는' 모습을 하고 있었다.

한 가지 염두에 둘 것은, 예컨대 裵純이 철로 만든 퇴계상은 어떤 형태로든 고증을 하여 새롭게 복원할 필요가 있을 것 같다. 아마도 이 논문에서 언급한 퇴계상 중에서는 퇴계를 가장 가까이에서 보고 그 음성을 듣고 수행했던 이른바 '聲聞(savaka)'에 해당하는 인물이 만들었던 소중한 것이다. 따라서 비록 배순이 대장장이라는 신분이긴 했지만, 진실한 흠모의 정과 존경심을 담아 퇴계상을 만들었던 것은 아니었을까? 만일 이 철상이 복원된다면, 이로 해서 퇴계의 열린 인간 이

---

45) 그 당시 어느 정도의 퇴계 동상이 만들어져 설치되었는지도 별도로 그 기록을 찾고 흔적을 더듬어서 조사할 필요가 있다.

해가 널리 소개되고, 나아가서 소수서원에 가까운 배점리에 오늘날 다시 아름다운 스토리가 생겨나고, 아울러 그곳을 찾는 국내외의 방문객도 늘어날 것이 아닐까.

우리 근대기의 격동하는 세계사적 상황에 따라 퇴계 또한 그에 맞게 새롭게 해석되어 '퇴계상'이 창출되어 나왔다. 이러한 근대적 퇴계상의 창출에는 日帝도 깊이 관여되어 있었다.[46] 아울러 박정희 정권기에는 또 다른 의미에서 새로운 모습으로 재탄생되어 나오게 된다. 우리 역사가 헤쳐 온 고난만큼 '퇴계상'에도 그 상흔이 새겨져 있다.

특히 퇴계초상에서 일제와 관련되거나 해석된 부정적인 과거의 모습을, 완벽하게 지울 수는 없다하더라도, 어떻게 청산하고 다시 미래지향적으로 새로운 해석을 해 갈 것인가가 중요하다. 이러한 과거 우리의 퇴계상에 대한 철저한 회고와 반성을 통해, 퇴계의 '標準影幀'을 새로 구상해 보는 것도 좋을 것이다.

그렇다면 퇴계초상에 대한 폭넓은 조사는 필수 요건이 될 것이며, 퇴계초상에 대한 성찰은 이제 시작이라 본다. 이를 계기로 과거의 우리 퇴계상에 진지한 성찰로 퇴계의 철학사상의 연구 등도 과거의 각질을 벗는 새로운 시각에서 거듭났으면 한다.

---

46) 근대적 초상화의 유포와 그 의미에 대해서는, 타키 코지, 『천황의 초상』과 와카쿠와 미도리, 『황후의 초상』, 건국대학교 대학원 언어문화 · 언어학과 옮김, (서울: 소명출판, 2007)을 참고 바람.

2

退溪像의 변모
− 肖像畫를 통해서 본 선비像의 변천에 대한 試論 −

Ⅰ. 서언

退溪 李滉(1501~1570)(이하 퇴계)의 경우에는 지금까지 肖像畵나 影幀[1]이 전하지 않는다는 것이 통설이다.[2] 그래서 우리는 오늘날 유통

---

1) 보통 影幀이라 하면 (1) 〈사람의 얼굴을 그린 족자〉, (2) 〈제사를 지낼 때 위패 대신 쓰는, 사람의 얼굴을 찍은 사진〉을 말한다. 영정은 일반적으로 후자(2)의 의미로 많이 사용된다. 이에 대해 肖像畵는 〈사람의 얼굴을 중심으로 그린 그림〉을 말한다. 그리고, 불교에서는 祖師나 高僧大德의 초상화를 영정이라 하지 않고 '眞影'이라 부른다. 眞影이란 '참 모양' 또는 '얼굴을 주로 그린 화상' 즉 초상화를 말하며 喜身, 傳神 등이라고도 한다. 진영이나 영정 모두 인물을 그린 일반 초상화이지만, 불교미술에서는 특히 승려의 초상화만을 眞影이라 부르고 있다(네이버 지식사전 참조). 그렇다고 유교에서는 진영이란 말을 사용하지 않는다는 것이 아니다. 이 논문에 소개된 李元基 所藏 '蕙山劉淑 臨摸'의「退溪先生眞影」에서 보듯이 진영이란 말을 사용한다. 따라서 이 논문에서는 특별한 경우를 제외하고는 영정, 진영을 초상화의 범주에 넣어 '초상화'라는 용어로 통일하여 사용한다.

2) 이태호는 조선시대 肖像畵의 발달을 살펴보면서 도산서원에 퇴계 이황의 초상화가 전하지 않는다는 점에 주목하고, 이것이 '자신의 얼굴을 후세에 전하지 않으려는 순수한 도학자로서의 면모를 드러낸 것'이 아닐까 하고 추정하기도 한다. 이태호,「조

되는 천원권 지폐 속의, 현대의 화가에 의해 만들어진 상상의 초상화를 통해서 퇴계의 모습을 그려보기 마련이다.

그런데 일제강점기 중에 간행된 한 책자[3]에는 우리의 천원권 지폐에 나오는, 玄艸 李惟台(1916-1999) 화백이 그린 퇴계초상화 다른 모습의 초상화가 실려 있다. 필자는 여기에 주목하여「퇴계의 초상화에 대하여- 近·現代期 '退溪像' 탄생에 대한 성찰을 겸해서 -」[4]라는 논문을 발표한 적이 있다. 여기서 퇴계라는 인물이 '肖像畵'라는 형태로, 근현대기의 굴곡의 역사 속에서, 어떻게 새롭게 형성되고 인식되었는가를 살펴보았다.

더욱이 최근 필자는 종전의 논문에서 다루지 못했던 두 건의 퇴계초상화를 새로이 접하였다. 한 건은 조선시대에 그려진 것이고, 또 하나는 해방 이후에 그려진 것이다.

그래서 나는 이러한 자료를 근거로 이전의 내 논문을 새로 보완해야겠다는 생각을 하였다. 아울러 退溪의 肖像畵를 통해서 선비로서의 退溪像이 어떻게 변모하는가를 살펴보는 것도 큰 의미가 있겠다는 생각을 하였다.

다시 말해서 퇴계의 초상을 통해 퇴계의 이미지가 어떻게 형성되고 변모하는가를 살피는 일은 퇴계가 남긴 텍스트를 살피는 작업과 별도로 매우 중요한 의미를 갖는다. 소리를 통한 음악의 시간예술과 다르

선시대 肖像畵의 발달과 士大夫像의 유형」,『肖像, 형상과 정신을 그리다』, (안동: 한국국학진흥원·한국유교박물관, 2009), p.171 참조.

3) 高田誠二·藤原一毅,『日本の教育精神と李退溪 附李栗谷の擊蒙要訣と時事』(京城府: 朝鮮事情協會出版部, 昭和9(1934).

4) 최재목,「退溪의 肖像畵에 대하여」,『退溪學論集』제2호(대구: 영남퇴계학연구원, 2008.6).

게, 공간예술인 그림은 색채나 印象·形體로서 그에 접하는 대상에게 즉각 인식(=직관)되는 특징이 있다.

더욱이 근·현대기에는 정치적, 사회적 맥락에서 국민 대중 교화·교육용으로서, 새로운 인물 만들기의 일환으로서, 퇴계상의 정립이 필요했던 것이다. 퇴계의 초상화에는 퇴계의 이미지(=사상·이념·메시지)를 '창출하는 쪽=발신자'와 그것을 '받아들이는 쪽=수신자' 사이에 위치하여 양자를 연결하는 매개(마치 사찰 외벽의 탱화와 같이)로서 두드러지게 '미디어(매체)'의 위치를 갖는다. 퇴계 초상화의 이미지에는 발신자의 '의도'가 담겨 있기 마련이다. 국가나 사회가 일반대중을 향한 즉각적으로 목전에 보여주고, 내면에 전달하고자 했던 의도는 무엇이었을까. 그것은 바로 국민들의 전범이 될 '모범적·이상적 인간상'의 제시와 그를 향한 '닦달(Gestell)'아니었을까? 즉 비범한 傳記를 가진 '偉人'像 제시를 통해 현실적 대중들이 불안·부족·곤궁·궁핍의 현실을 감내하고 초월하여 한 차원 더 높은 경지로 나아가라는, 근대적 超凡入聖의 슬로건으로서, 새로운 국민만들기의 표상으로서, 教育立國의 지표로서의 강한 독촉의 메시지가 아니었을까.

아래에서는 이러한 문제의식을 견지하면서 (1) 조선시대 1건, (2) 근대기(일제강점기) 1건, (3)현대기(해방 이후 현대까지) 2건 총 4건의 초상화를 근거로 퇴계상이 어떻게 변모하는가를 살펴보고, 거기에 내재한 선비像과 그 굴곡의 단면과 그 의미를 논하고자 한다.

Ⅱ. 초상화를 통해서 살펴본 퇴계상의 변모

1. 조선시대 – 李元基 所藏「退溪先生眞影」–

　최근 진성이씨대종회(http://www.jinseong.org/)의 宗報인『悅話』
제20호(安東: 眞城李氏 大宗會, 2005)에는 다음과 같이 퇴계의 영정
과 그 소개 글을 싣고 있다.[5]

[그림 1] 李元基 所藏「退溪先生眞影」(蕙山劉淑 臨模)

---

5) 필자가 해외에 있는 관계로 아직『悅話』제20호를 입수하지 못하여 초상화의 출처,
　소장처, 사이즈 등을 파악하지 못했다.

〈소개 글〉

퇴계선생의 초상은 현재 1000원권 지폐에 올라있어 우리나라에서 가장 널리 알려진 초상화 가운데 하나이다. 이 작품은 이유태 화백이 그린 상상화로 많은 논란을 빚어왔다. 일제시대에도 선생의 초상은 제작된 바 있다. 이 역시 상상화로서 자손 중의 한 사람인 모인의 얼굴이 저본이 되었다고 한다.

선생은 평소에 『털 하나라도 틀리면 나의 진면목이 아니다』라는 태종 이래의 말씀을 하신 바 있으며, 眞影은 남기지 않은 것으로 알려지고 있다.

선생의 용모를 짐작할 수 있는 기사로는 『退溪先生言行錄』 「雜記」 19則 제1에, 「先生, 額角豊廣, 松齋奇愛之, 常呼曰, 廣顙, 而不名焉」(李安道, 小名瑞鴻退溪先生言行錄) [선생은 이마가 모가 나고 풍부하게 넓어서, 송재(삼촌)께서는 이를 기이하게 여기고 사랑하여, 평상시에 부르시기를, 「廣顙(넓은 이마)」이라 하시고 이름을 부르지 아니 하셨다] 라는 기사가 올라있다.

그런데 지난해 蕙山 劉淑이 臨模하였다고 명기된 「退溪先生眞影」이 발견되었다.

유숙은 마지막 御眞 화가로서, 吾園 張承業의 선생으로 알려진 사람이다. 지금까지는 시대적으로 가장 오래된 眞影이며, 그 기품은 奇高峰이 언급한 바와 같이 『先生氣稟穎悟, 天資篤實(선생은 기품이 영오하고 천자가 독실하였다)』라는 기사에 가장 근접하고 있다.

표준영정이 제도적으로 정착되지 않은 상황에서 필자가 보기에는 가장 逼眞(실물과 다름없을 정도로 몹시 비슷함: 인용자 주)한 影幀으로 여겨져 우리 씨족의 연간 회지에 소개하고자 한다.

(李鍵煥, 『悅話』 20호, (安東: 眞城李氏大宗會, 2005)

이 글은 진성 이씨 23세손인 李鍵煥씨(67세, 미술 관련 일에 종사)
가 썼으며, 영정의 소장자는 李元基씨(82세, 전《월간문화재》잡지사
사장)라고 한다. 여하튼 이 영정은 지금까지 공개된 적이 없는 매우
소중한 자료로 보이며, 앞으로 보다 객관적인 검증이 필요할 것 같다.

같은 퇴계의 영정이 최근 간행된 이원집의 『퇴계선생과 도산십이
곡』(대구: 도서출판동방, 2007), 11쪽에도 실려 있다.

그림 『悅話』제20호에 소개된 퇴계 초상화의 우측에 적힌 〈退溪先生
眞影 蕙山劉淑 臨模〉라는 기록을 근거로 잠시 초상화에 대해 검토를
해보기로 하자.

우선 '退溪先生眞影'의 '진영'이란 '참 모양', '얼굴을 그린 畫像', '초
상화'를 말한다. 진영은 '影幀', '眞', '影'으로 불리며, 다른 말로는 '影
兒', '喜身', '傳神'이라고도 한다.[6] 『悅話』20호의 글 속에서는 이 초상
화를 '影幀'이라 표현하고 있다.

이어서, '蕙山劉淑 臨模'인데, 劉淑(1827~1873)은 조선 말기의 화
가로, 자는 善永 · 野君이며, 호는 蕙山이다. 조선시대에 국가에서 필
요로 하는 그림을 그리던 관청인 圖畵署[7]에 소속된 화가[畫員]였고,
吾園 張承業(1843~1897)[8]의 스승으로 알려져 있다.

아울러 '臨模'란 본을 보고 그대로 옮겨 써거나 그린 것을 말한다.

---

6) 『訓蒙字會』상권에는, 影〈그르메여 ㅇ 俗呼影兒 又眞影曰喜身 又曰傳神〉으로 되어
  있다.[네이버 지식사전 참조(http://terms.naver.com/entry.nhn?docId=112518]
  (2011년 6월 11일 검색).
7) 초기에는 '圖畵院'이라 하였으나 그림 그리는 일의 격을 낮추어 '圖畵署'로 개칭하
  였다.
8) 조선 말기의 화가로서 근대 회화의 토대를 마련한 인물로 安堅 · 金弘道와 함께 조
  선시대의 3대 거장으로 꼽힌다.

즉 '글이나 그림의 원작(오리지널)'(=模)을 옆에 두고 보고 '그대로 옮겨 쓰거나 그리는 것'(=臨)[9]이다. 영어 카피(copy)의 번역어인 模寫에 해당하는 중국 전통 개념이라 하겠다.[10]

그렇다면 '蕙山劉淑 臨摸'라 된 '退溪先生眞影'은, 이전부터 전해 오는 퇴계의 眞影(그 원본의 여하는 알 수 없지만)을 그대로 베낀 것으로, 퇴계가 세상을 떠난 지 300여년 뒤의 모작이라 볼 수 있다. 여기서 '退溪先生眞影'이 일찍부터 있었고, 어떤 이유(국가적 시책 등등)로 해서 臨摸되었을 것으로 추정된다.[11]

이 퇴계 초상화는 『退溪先生言行錄』 「雜記」에 실린 퇴계의 손자 李安道(1541~1584)의 다음 기록에 가장 근접해 있다고 평가된다.

> 先生, 額角豊廣 松齋奇愛之, 常呼曰, 廣顙, 而不名焉.
> (선생은 이마가 각 지고, 도톰하고, 넓어서, 송재(=퇴계의 삼촌)께서

---

9) 臨은 '써다', '그리다'의 뜻.

10) 참고로 모작은 중국에서는 '傳摸移寫'라고 칭하여 중시되었는데, 그것은 크게 두 가지로 나뉜다. 원본을 옆에 두고 보면서 베끼는 '臨摸', 원본 위에 얇은 종이를 놓고 透寫하는 '榻摸'가 그것이다. 書跡의 엄밀한 모사에는 雙鉤塡墨(서화의 윤곽만 가는 선으로 베끼는 것)에 의한 탑본이 만들어진다. 또 원본을 보지 않고 기억으로 모사하는 것은 '背臨'이라 하고, 특정한 예술가의 작풍 내지 심경에 의해 제작하는 것은 '倣'이라 한다. 또한 문화재 등의 모사에는 '現狀模寫'와 제작시의 형상 색채를 복원하는 '復元模寫'가 있다.(네이버 지식사전(http://terms.naver.com/entry.nhn?docId=260419)참조)(검색일자: 2011.6.11). 아울러, 書의 학습방법 중 체본을 보면서 쓰는 것을 臨書 또는 臨寫라고 한다. 처음에는 가급적 形을 충실하게 학습하는 것을 形臨, 형 뿐만이 아니고 手本의 筆意를 알도록 노력하면서 쓰는 것을 意臨, 形臨·意臨을 많이 한 다음에 고전을 보지 않고, 고전과 같이 쓰는 것은 背臨이라고 한다.(네이버 지식사전(http://terms.naver.com/entry.nhn?docId=263234)참조)(검색일자: 2011.6.11).

11) 구체적인 제작 경로 등은 별도로 조사해 볼 필요가 있으나 현재 단계에서는 불명. 추후 조사가 필요한 부분이다.

는 이를 기특해 하여 사랑하시어, 평상시에 부르시기를, '廣顙'(넓은 이
마)이라 하시고 이름을 부르지 아니 하셨다).[12]

초상화에서 볼 수 있듯이, 이마가 각이 져서 반듯하고, 도톰하고, 넓
다. 그리고 노년의 모습이라 얼굴에 주름이 져 있고, 수염이 길게 늘어
져 있다. 하지만 眼光은 생생하게 살아 있으며 빛을 발하는 듯하다. 여
기서 선비의 풍채와 위엄을 느낄 수가 있다. 이 초상화에는 퇴계는 深
衣와 幅巾을 착용하고 있음을 알 수 있다. 여기서 심의와 복건에 대해
약간 설명이 필요하다.[13]

심의와 복건은 儒服의 하나로서 유교의 儀禮를 구성하는 중요한 요
소이다.

심의는 중국에서 시원이 가장 오래된 고유의 복식으로 周 나라 이
전부터 있었던 것으로 추측된다. 심의는 고대 중국에서 천자나 제후
에게는 평복이었으나 사대부에게는 조복 · 제복 다음 가는 상복이었
고, 서인에게는 길복이었다. 深衣는 주자학과 함께 宋에서 전래되어
유학자들의 관례복과 법복으로 착용된다. 덕망 높은 선비의 웃옷이
며, 백색 천으로 만들고 옷 가장자리에 검정비단으로 선을 둘렀다.유
교 중심이었던 조선왕조에서 사대부의 연거복으로 유학자들의 중시

---

12) 번역은 이황(국제퇴계학회대구경북지부 옮김), 『退溪先生言行錄』(이하 『퇴계선
생언행록』) (대구: 국제퇴계학회대구경북지부, 1994), p.220을 참조하고 인용자
가 수정하였음.
13) 이 내용에 대해서는 吾妻重二, 「深衣について -近世中國 · 朝鮮および日本におけ
る儒服の問題 - 」, 『東アジアにおける文化情報の發信と受容』(東京: 雄松堂出版,
2010), pp.171-215의 내용을 참고하여 기술하였다. 이 논문의 深衣 부분은 여기
서 좋은 시사를 얻었다. 이 자리를 빌어 吾妻重二씨에게 감사를 드린다.

하였으며 조선시대의 많은 유학자들이 심의를 착용한 초상화가 남아 있다. 그런데, 이러한 심의제도는 유학에서 큰 문제가 되기도 하였다. 심의는 중국 고대의 복제가 上衣와 下裳이 따로 인 것이 통례인 데 반하여 衣와 裳이 서로 잇닿아 몸을 휩싸게 되어 있어 심원(深遠)한 느낌을 주었다. 심의란 말도 이런 뜻에서 나왔다. 흰색이며 위와 아래의 치마가 연결된 옷이다. 위의 저고리는 4폭으로 만들어 4계절, 아래치마는 12폭으로 이어서 치마를 만들어 12달을 뜻한다. 옷깃, 소매 끝, 치마의 단에 검정선을 대고, 허리에는 대대를 매고 대의 앞에는 오색실로 짠 끈을 묶어 늘어뜨린다. 머리에는 주로 복건을 쓴다. 사대부가 아니면 입지 못하고, 현재도 집안에 따라 제복이나 수의로 사용한다. 조선시대의 유학자 韓百謙 · 柳馨遠 등이 그들의 文集이나 家禮에 深衣制度에 대하여 서술한 것이 남아 있다.[14)

다음으로 幅巾(幞巾이라고도 함)은, 儒生인 生員 · 學士 · 士人들이 칙용하는 儒巾 가운데 하나로, 중국 고대로부터 있어 온 冠을 대신하는 간편한 쓰개였다. 後漢代로부터 유행하게 되고, 晉 · 唐 간에 걸쳐 차차 隱士 · 道人의 雅服을 이루었다. 宋에 이르러 司馬光이 복건과 심의를 燕居의 冠服으로 착용하고 주희가 이것을 그 『家禮』(文公家禮) 가운데 推擧한 다음부터 유자들 사이에 유행하게 되었다. 그러나 그 모습이 괴상하게 여겨져 우리나라에서는 일반화되지 못하고 극소수의 유자만이 착용하였는데 미혼남자들은 이를 통상예복으로 착용하였으며 지금은 돌날에 복건을 씌우는 것처럼 어린아이들의 장식

---

14) 국사편찬위원회 편, 『옷차림과 치장의 변화』(서울: 두산동아, 2006), p.52, 柳喜卿, 『韓國服飾史硏究』, (서울: 이화여자대학교출판부, 1977), p.379 참조.

으로 사용되고 있다.[15]

　유복, 즉 유자로서 정해진 복장을 한다는 것은 유교 儀禮의 구체적
실천이다. 유복은 유자가 몸치장을 하는 종류의 하나로 유니폼에 해
당한다. 그 중심에 있는 深衣의 제작과 규정은 중국 고대의 복장으로
서 『禮記』의 「深衣篇」과 「玉藻篇」 등에 규정되어 있다. 즉, 「玉藻篇」
에는 「朝玄端, 夕深衣(아침에는 朝廷에서의 公服인 玄端을, 저녁에는
집에서 심의를 입는다)」[16]고 하였고, 「深衣篇」에서는 「規矩準繩權衡
(컴퍼스·곱자·수준기·먹줄·저울추와 저울대: 즉 사물의 준칙. 생
활에서 지켜야 할 법도를 말함)의 원리를 본받은 制法(제도·법식)
을 가졌으므로 先王이 귀하게 여겼다.」고 하였다.[17] 『家禮』에는 深衣
를 만드는 방법과 원리가 기술되어 있는데, 심의는 衣(위에 입는 옷=
위 옷)과 裳(아래에 입는 옷=(바지와 같은) 아래 옷) 외에 여러 가지
복식이 한 세트로 되어 있다. 『禮記』의 「深衣篇」에 따르면 심의의 치
수에는 각각 상징적 의미가 들어있다. 즉, 裳의 12폭은 1년 12개월에
매치되고, 「古者深衣, 蓋有制度, 以應規矩繩權衡(옛날의 심의에는 대

---

15) 柳喜卿, 앞의 책, pp. 376-77.
16) 『禮記』 「玉藻第十三」.
17) 『禮記』 「深衣第三十九」: 古者深衣, 蓋有制度, 以應規矩繩權衡. 短毋見膚, 長毋被土,
續衽鉤邊, 要縫半下. 袼之高下, 可以運肘. 袂之長短, 反詘之及肘. 帶下毋厭髀, 上毋
厭脅, 當無骨者.
　古者深衣, 蓋有制度, 以應規矩繩權衡. 短毋見膚, 長毋被土, 續衽鉤邊, 要縫半下. 袼
之高下, 可以運肘. 袂之長短, 反詘之及肘. 帶下毋厭髀, 上毋厭脅, 當無骨者.
　制十有二幅以應十有二月, 袂圜以應規, 曲袷如矩以應方, 負繩及踝以應直, 下齊如
權衡以應平. 故規者, 行舉手以爲容, 負繩抱方者, 以直其政方其義也. 故易曰, 坤六
二之動, 直以方也. 下齊如權衡者, 以安志而平心也. 五法已施, 故聖人服之. 故規矩
取其無私, 繩取其直, 權衡取其平. 故先王貴之. 故可以爲文, 可以爲武, 可以擯相, 可
以治軍旅. 完且弗費, 善衣之次也. 具父母大父母, 衣純以繢. 具父母, 衣純以靑. 如孤
子, 衣純以素. 純袂緣純邊, 廣各寸半.

개 제도가 있어서, 規(컴퍼스)·矩(기역자. 曲尺)·準(수준기)·繩(먹줄)·權衡(저울추와 저울대)의 다섯 가지 법을 본받은 것이다)」라고 되어 있다. 즉, ① '袂=소매' 부분은 둥글게 할 것=圓袂(둥근소매)=規(컴퍼스), ② '領=깃' 부분은 方形으로 교차할 것=方領(모진 깃)=矩(기역자), ③ '背筋=등솔' 부분에 똑바로 바늘땀을 한 것=負繩(등어리 등솔의 선)=繩(먹줄), ④ '裳=아래 옷' 부분이 똑 바로 평평하게 되어 있는 것=權·衡(저울추와 저울대).[18] 이것은 『淮南子』「天文訓」과 『春秋繁露』「五行相生篇」에서 말하는 天地間의 기준을 말한 것이며, 심의는 천지의 질서를 상징하는 것으로 이 점은 『家禮』에도 함의되어 있는 것이다. 그래서 심의를 입는 것은 단순히 古服을 입는 것만이 아니고 천지의 질서를 걸치고 있다는 상징적 의미에 참여하는 것이다.[19]

그런데, 이렇게 『예기』에 규정된 심의라는 儒服은, 漢代 이후 거의 잊혀지고, 가끔 고대 유교의 단순한 전설로서 상기되는 정도였다. 그러다가 宋代가 되면 司馬光의 『書儀』가 나오고, 이어서 朱熹가 이것(『書儀』)을 본 따 儀禮에 근본을 두고 당시에 시행할 만한 것을 고려하여 『家禮』가 만들어짐으로써 심의는 새롭게 각광을 받고, 복원이 시도된다. 이것은 「古禮로의 回歸」라는 열정 하에 '傳說'이 '現實'로 바뀌는 것이었다. 다만, 중국에서는 그후 심의는 스스로를 유자임을 강렬하게 어필하는 일종의 기발한 복장으로서 일부의 士人들이 착용하는데 그쳤고, 명청시대를 통해서도 일반인들에게 정착하는 단계까지

---

18) 『禮記』「深衣第三十九」(각주(17)) 참조
19) 「衣와 裳을 따로 마름질 하는 것은 각각 하늘(乾)과 땅(坤)을 상징하고, 裳을 열두 폭으로 마름질한 것은 일년 사계절 열 두달을 상징한 것이며, 선을 두른 것은 부모에 대한 효도와 공경을 뜻하는 것이다」(이강칠 외, 『歷史人物肖像畵大事典』(서울: 현암사, 2003), p.600).

는 이르지 못했다. 예컨대 양명학 좌파로 분류되기도 하는 태주학파
의 한 사람인 王艮(1483~1541.호는 心齋)이 열렬한 유교신봉자로서
『禮記』에 근거하여 (당시 유자들 사이에서도 입지 않고 있던) 深衣를
손수 만들어 착용하였다고 한다.[20] 그런데, 조신시대에 이르러서 심의
는 朱子學 그리고 『家禮』의 존숭에 따라 유자들에게 애용되었다. 朱熹
『家禮』卷一·「通禮」의 「深衣制度」에는 유복으로서의 심의에 대해 기
술되어 있는데, 심의는 유자로서의 긍지와 자부심을 드러낼 수 있는
유니폼이 되었던 것이다. 퇴계도 심의를 복원하여 착용한 사람 중의
한 사람이었다. 다만 퇴계는 만년 金就礪가 제작한 복건에는 흔쾌히
찬동하지 않았지만 심의는 閑居에 착용을 했던 것으로 보인다.[21] 다시
말해서 퇴계는, 심의는 인정했지만 「幅巾은 僧巾과 같아서 쓰는 것을
싫어했고, 程子冠을 썼다」(『退溪先生言行錄』의 金誠一, 李德弘의 기
록)고 한다.[22] 이처럼 심의는 중국에서 부흥을 보지 못했지만 조선이
라는 유교적 공간에서 논의되고, 결실하고 있었음을 볼 수 있다.[23]

　『退溪先生言行錄』에 나오는 퇴계의 幅巾에 대한 개인적인 기호·
선입견과 유교적 儀禮에 따른 초상화('退溪先生眞影')의 모습에서는
분명한 차이가 있다. 즉, '조선'이라는 지역의 유교적 시공간을 살던

---

20) 『明儒學案』卷三十二·「泰州學案一」·「處士王心齋先生艮」: 案禮經製五常冠·深
　　衣·大帶·笏板, 服之. 曰, 言堯之言, 行堯之行, 而不服堯之服, 可乎.
21) 이에 대한 일련의 내용은 『退溪先生文集』卷二十八·「與金而精」, 同書卷三十·
　　「答金而精」, 同書卷三十二·「答禹景善」등에 보인다.
22) 『퇴계선생언행록』참조.
23) 심의에 대한 조선시대 유학자들의 관심은 鄭逑, 韓百謙, 鄭經世, 柳馨遠, 金幹, 李
　　瀷, 黃胤錫, 李德懋, 徐榮輔, 成海應, 丁若鏞, 李圭景, 許傳 등에서 보이며, 각각 심
　　의 관련 논고를 남기고 있다. 이에 대해서는 吾妻重二, 「深衣について -近世中國
　　·朝鮮および日本における儒服の問題 -」, 앞의 책, pp.187-188을 참조 바람.

퇴계의 개인적인 기호와 중국적 유교 儀禮의 보편성 사이에서 보이는 갈등과 간극을 느끼게 한다. 이것은 개인적인 심정과 유교적 원칙 사이에 서 있던 퇴계의 생생한 모습이며, 儒服 그리고 『가례』의 원리 · 이론이 조선에 수용되어 정착하는(=실천화하는) 과정에서 드러나는 '떨림' 현상(변용 등)의 좋은 예이기도 하다.[24]

어쨌든, '退溪先生眞影'은 『禮記』→『家禮』의 원칙에 따른 유교 儀禮의 실천으로서 儒服을 착용하고 있다. 이를 통해서 조선의 유자로서, 또한 유교의 가치와 원리를 실현하는 선비의 위엄과 품격을 잘 살필 수 있는 귀중한 자료이다.

아울러 이 초상화의 특징으로서 들 수 있는 것은 童顔이나 청장년의 기백이 아니라 老顔으 하고 엄격, 단호하고도 단정한 기풍, 즉 현재 유통되고 있는 천원권 지폐의 속의 병약함, 유약함과 모습과는 사뭇 대조적으로 꼿꼿함과 강건함을 엿볼 수 있다는 점이다.

2. 근대기(일제강점기) - 京城婦人科病院長 工藤武城 所藏 退溪肖像

昭和9年(1934年) 9월 18일, 京城府의 朝鮮事情協會出版部에 나온 『日本の敎育精神と李退溪 附李栗谷の撃蒙要訣と時事』[25]라는 책에는, 현재의 천원권 지폐 속 퇴계와 모습이 다른 초상화가 하나 실려 있

---

24) 복건에 대한 조선시대 유학자들의 입장에 대한 상세한 논의는 다른 기회로 돌리기로 한다.

25) 이 책의 표지에는, 朝鮮總督府學務局長 渡邊豊日子 閣下序, 京城婦人科病院長 工藤武城 先生 校閱幷序, 그리고 善隣商業學校 講師 高田誠二 · 朝鮮事情協會主幹 藤原一毅 共著로 되어 있다.

다.[26)]

위의 李元基 所藏「退溪先生眞影」을 소개한 李鍵煥의 글 가운데서
「일제시대에도 선생의 초상은 제작된 바 있다. 이 역시 상상화로서 자
손 중의 한 사람인 모인의 얼굴이 저본이 되었다고 한다.」라는 구절이
있다. 이로 미루어 보아, 일제 강점기의 식민·교육정책의 일환으로
후손 중의 한 사람을 모델로 당시의 초상화가(한국인인지 일본인인지
아직 밝혀지지 않음)가 퇴계를 상상하여 그린 것이 분명하다. 더욱이
그림을 노인임에 틀림없지만 강한, 엄정한 이미지가 두드러진다.

[그림 2] 京城婦人科病院長 工藤武城 所藏 退溪肖像

---

26) 아래의 내용은 논지 전개를 위해서 최재목,「退溪의 肖像畵에 대하여」,『退溪學論
集』2호(대구: 영남퇴계학연구원, 2008.6)를 간추려서 인용하였음을 밝혀둔다.

아울러 에 책 속에는 율곡 초상화뿐만 아니라 退溪歌, 栗谷歌도 들어있어 흥미롭다. 이처럼 초상화에다 노래까지 곁들여져 있다는 것은, 일제의 한국 통치를 위한 하나의 방법이었음을 알 수 있다. 즉 한국을 일본 정신사 속에 편입시키기 위해 退溪와 栗谷의 초상화를 '시각적 이미지'로 활용하고, 여기에다 노래를 더하여 '청각적 효과'를 높인, 이른바 아동 내지 국민들의 이념교육을 위해 '고전적 방법'을 동원한 것이라 추정된다.

『日本の教育精神と李退溪 附李栗谷の撃蒙要訣と時事』의 머리 부분에 실린 高田誠二의 쓴 「自序」(16쪽)에서는 다음과 말한다.

> 京城婦人科病院長工藤武城氏는 博學多趣味하여 李退溪에 대해서도 조예가 깊고, (中略) 특히 卷頭에 실은 여러 장의 사진은 대개 工藤氏가 소장한 것을 촬영한 것이다.

그런데 이 설명 이외의, 사진의 원본이 된 '退溪肖像畵' 입수나 제작 경위에 대한 어떤 설명도 없다. 다만 분명한 것은, 퇴계초상화는 京城婦人科病院長이던 工藤武城가 소장하고 있는 많은 퇴계 관련 물품 가운데 하나였다는 점이다. 아울러, 앞서 지적한 대로, 이 초상화는 일제가 식민지 조선의 교화와 교화를 위해 후손 중의 한 사람을 모델로 동원하여 그린 상상화이며, 이것이 교육 현장 등에 활용되었음을 암시한다.

工藤 所藏의 퇴계초상화는 현재 新舊 천원권 지폐와 마찬가지로 왼쪽 얼굴과 어깨를 많이 드러낸, 우리나라 전통 초상화의 대부분을 차지하는 이른바 '왼쪽 측면상'이고, '程子冠'에다 흑색 두루마기(=周衣)

(혹은 '흑색'의 深衣일 가능성도 있다) 모습이다.[27] 당시 사대부들의 초상화가 일반적으로 幅巾 혹은 程子冠에다 백색의 深衣 복장이었다는 것을 고려한다면 좀 색다른 복장임에 틀림없다.

위의 工藤이 소장한 退溪肖像畵의 경우, 이미 지직한대로 '검은 색 두루마기'도 종래의 초상화에서 잘 볼 수 없는 특이한 점이지만, 얼굴 또한 온화하지 않고 너무 엄격하고 강직해 보인다. 『退溪先生言行錄』에 보면 퇴계는 '성격이 온후하고 인자하여 가까이 하면 훈풍을 대한 듯하다'고 제자들이 평가하고 있다.[28] 이에 근거하여 외국의 학자들노 퇴계의 인격을, 중국사상사에서 마음이 따뜻했던 인물의 대명사인 '顏回'나 '程明道'에 비기고 있다.[29] 물론 퇴계가 이렇게 온화하고 온건하기만 했던 것은 아니다, 오늘날 퇴계를 비판하는 글들에는 주자학을 존중하고 양명학을 맹렬히 비판했던 모습이 분명 있는 것처럼 학문적 태도에서 보이는 '엄격성'도 있다. 퇴계를 바라볼 경우 이 양면은 모두 존중되어야 한다.[30] 그렇다면 퇴계상은 온화함+엄중함이 되어야 한다.

어쨌든 工藤武城 所藏의 退溪肖像은 얼굴의 주름 등으로 보아서는 노인인 것처럼 보이면서도 청장년 같은 젊음, 더욱이 문인이 아닌 무인 같은 느낌을 받기에 충분하다. 이것이 바로 일제 강점기에 필요했

27) 조선시대의 冠에 대해서는 柳喜卿, 위의 책, pp.364-365을 참조.
28) 『퇴계선생언행록』참조.
29) 아베 요시오(김석근 옮김), 『퇴계와 일본 유학』(서울: 전통과 현대, 1998), pp.53-55 참조.
30) 김호태, 『헌법의 눈으로 퇴계를 본다』(서울: 미래를 여는 책, 2008), pp.272-74 참조. 아울러 이에 대해서는 최재목, 「李退溪의 陽明學觀에 대하여 - 퇴계의 독자적 心學 형성에 대한 一試論 - 」, 『退溪學報』113집(서울: 퇴계학연구원, 2003) 속의 양명학 및 왕양명 비판 부분을 참조.

던(요청됐던) 근대적 儒者-선비의 모습이었을 것이다. 당시에는 亡國이라는 반성 - 강요되었던 자발적이든 간에 - 속에서 생겨난, 文弱을 넘어서서 서세동점에 대항하며 文明國으로 나아가기 위한 武的 실천성과 강인함의 요구에 부응한 偉人像이 요구되었을 것이기 때문이다.

이런 모습은 해방 이후, 아래에서 보듯이, 국가 건설에 필요한 인물로 퇴계상(五千年間創業王帝王偉人義士 중의 〈李滉(退溪)文純公明宗時學者〉像)이 재창출될 때 그대로 계승된다.

3. 현대기(해방 이후 현대까지)

1) 五千年間創業王帝王偉人義士 중의 〈李滉(退溪)文純公明宗時學者〉像

해방 이후 건국 시기에도 국가 건설을 위한 바람직한 국민상을 만드는 중요 역할모델로서 퇴계상은 필요했다. 종래에 이에 대한 구체적 자료가 없었는데, 다행히 필자는 최근 권오영교수(한국학 중앙연구원)를 통해, 해방 이후 만들어진 다음의 퇴계 초상화를 입수하게 되었다.[31]

그림은 '단기4282년(=1949년) 10월 30일', 서울의 '大韓印刷公社'에서 제작한 '五千年間創業王帝王偉人義士' 중의 〈李滉(退溪)文純公明宗時學者〉像이다. 아래는 작은 그림을 확대한 것이다.

---

31) 이 자리를 빌어 자료를 제공해준 권오영 교수께 감사의 말씀을 드린다.

[그림 3] 五千年間創業王帝王偉人義士 중의 〈李滉(退溪)文純公明宗時學者〉像〉

(이황 유림명현 퇴계선생/
李滉(退溪)文純公明宗時學者)

(五千年間創業王帝王偉人義士)

(〈四行 世宗大王 以下로 李朝 儒賢 名臣〉부분에 퇴계가 속함)

[그림 4] 권오영교수 제공자료 원본

위의 퇴계 초상은 程子冠에다 검은 두루마기(周衣)(深衣일 가능성
도 있다)를 걸친 모습이다. 이것은 이미 언급한 대로, 工藤 소장의 퇴
계상을 해방 이후 그대로 재현한 것처럼 보인다.

다시 말해서, 해방 이후, 국가 재건에 필요한 위인으로서 요구되던
사항은 강인하고도 역동적인 이미지였을 것이다. 일제 강점기 일제가
식민지 조선 청년·학생에게 대동화공영·내선일체를 명분으로 전쟁

에 동원하거나 요구하였던, '文弱에서 武强으로'의 이미지 전환의 논리 조작을 해방 政局의 차원에서 재활용하고 있는 인상이 강하다.

이처럼 퇴계의 儒者-선비의 모습은 해방 정국에서 건국을 위한 역사상의 위대한 국민적 인물(모델)로서, 강한 이미지로 새로이 변용되고 있었던 것이다.

2) 李惟台 화백의 「退溪 李滉先生 影幀」

위에서 본 퇴계의 초상화 이외에, 박정희 정권기 즉 70년대 창출된 또 하나의 퇴계 초상화가 있다.[32]

즉, 한국화가 玄艸 李惟台(1916-1999) 화백이 그린 퇴계초상은 표준 영정으로서, 우리가 상용하는 천원권 지폐에 들어 있기도 하여, 국내외에 퇴계의 이미지로서 매우 잘 각인되어 있다. 그래서 현재 퇴계를 대표하는 초상화라 할 수 있다.

이 초상화는 李惟台의 70년대 화풍을 드러내 보이는 그림[33]으로, 박정희 유신정권기인 1974년에 그려진 것이다. 원명은 「退溪 李滉先生 影幀」이다. 당초 조폐용 영정으로 그렸고, 이후 표준영정으로 인정받은 것이다. 즉, 퇴계 영정은 종이에 수묵채색의 그림이며, 천원권 지폐에 넣기 위하여 만들어진 것으로 현재 「韓國銀行」이 소장하고 있다. 幅巾에다 深衣를 입은 사대부의 便服 차림이다. 工藤武城 소장의 程

---

32) 이 부분의 전반부는 논지 전개를 위해서 최재목, 「退溪의 肖像畵에 대하여」를 간추려서 인용하였으며, 후반부는 새로 보완되었음을 밝혀둔다.
33) 이유태의 70년대 화풍은 http://www.kcaf.or.kr/art500/ytlee/main.html(검색일자: 2008.2.1)을 참조.

子冠과는 모습이 좀 다르다.

[그림 5] 李惟台 화백의 「退溪 李滉先生 影幀」

그런데, 이 초상화를 두고 학계와 민간에서도 논란이 많았고, 현재
도 그 불씨가 여전히 남아있으나[34] 어쨌든 李惟台 화백의 「退溪 李滉
先生 影幀」은 강인, 강건, 엄숙, 엄격 혹은 온화 등과는 좀 거리가 있어

34) 이에 대해서는 최재목, 「退溪의 肖像畵에 대하여」를 참조할 것.

보이며, 병색이 짙고 피곤해 보이고 文弱, 겸손 등의 개념과 통하는 듯하다.

아마도 이 표준 영정이 만들어진 70년대 박정희 정권기에는 무인으로서 이순신, 문인으로서 이퇴계처럼, 일단 文武의 구분이 뚜렷이 반영되어 있었다. 文人은 문인 나름의 아이덴티티를 가져야 하는데 그것은 武的 요소와 거리를 두는 데서 출발했는지도 모른다. 예컨대 일제강점기나 해방 직후의 초상화를 통해서 보았던, 기백, 웅장함, 강건함은 모두 군인–무인 쪽으로 흡수돼 버렸고, 그런 상태에서 요청·기획된 퇴계의 이미지는 오히려 武나 권력, 정치적 파당과 관련이 없는 (그런 경지를 넘어선) '국민적 노인·어른=國老'로서, 더욱이 '무언=침묵'으로서만 그 자리를 지켜야할 분이 아니었을까. 아마 그는 이 당시 그런 위상에 맞는 유자·선비로서 공감하였음에 틀림없다.

실제로 퇴계는 그의 생존 당시에도 지역과 사회의 '원로', '어른'의 역할을 다하고 있었던 것으로 보인다. 즉 그는 당시 사람들에게 '계신다'는 자체로 질서가 잡히는 존재였다는 특별한 의미가 있었던 것이다. 『퇴계선생언행록』에 전하는 두 대목을 보자.[35]

> 퇴계의 문인 우성전(禹性傳)이 오랫동안 안동에 있었는데, 그때 보니, 그곳에 사는 사람들은 비록 비천한 자라도 반드시 '퇴계선생'을 일컬으면서 마음으로 존경하고 받들고, 공경하여 우러러 사모하였다. 시골 사람들은 비록 선생의 문하(門下)에 출입하는 자가 아니라도 역시 (악행을) 두려워하고 (선행을) 원하면서 감히 (행동거지를) 함부로 하

---

35) 아래 인용은 최재목, 「9. 어른은 '계신다'는 자체로 의미가 있는 것이다.」, 『退溪先生』13(대구: 영남퇴계학연구원, 2009)(비매품), pp.46-48 참조.

지 아니하였다. 혹시 잘못을 저지르기라도 하면 퇴계선생이 알까봐 두려워하였다. 그분의 교화가 사람들에게 미침이 이와 같았다.

선생은 젊을 때부터 남들의 존경을 받았다. 마을 전체의 유생(儒生)들이 산사(山寺)에 모였었는데, 다리를 뻗거나 드러눕거나 하다가 선생이 온다는 말을 듣고는 나이가 선생보다 많은 자들까지도 모두 자세를 가다듬고 선생을 기다렸으며, 선생 옆에서는 감히 떠들거나 장난을 치지 못하였다.

이러한 어른의 역할을 할 수 있었던 핵심 부분은, 다음의 『퇴계선생언행록』에 보이는, 난관에 처했을 때 보여주는 儒者·선비로서의 퇴계가 보여주는 초연함과 같은 인격적 초탈성, 냉정하고도 차분한 성격이 아닐까.

무진년(1568) 7월 18일에 일찍이 출발하여 서울로 들어가는 길에 광진(廣津)에 이르러서 마침 큰 비바람을 만났다. 파도가 용솟음쳐서 배가 거의 뒤집힐 지경이었으므로, 배 안의 사람들이 놀라서 어쩔 줄 몰라 하였으나, 선생은 신색(神色)이 아무런 동요가 없었다.

여기서 퇴계 초상화를 좀 더 조망하기 위해서 부언할 것이 있다. 즉, 해방 이후, 특히 박정희 정권기에 퇴계의 문인 이미지 창출에 대응하는 무인 이미지의 대명사는 충무공 이순신이었다. 그런데 박정희 정권에서는, 이순신에게서는 퇴계를 국민적 노인·원로로 상정한 것과는 좀 대비되는 기획이 요구되었던 것으로 보인다. 다시 말해서, 박정희 자신의 군인출신·쿠데타의 이력에서 유래하는 무인적인 공포 요소나 이미지를 차츰 소거하고 전통적으로 문인을 숭상하는 한국의 국민들에게 스스로를 문인적인 부드러운, 친근한 존재로 변신시켜 다가서기 위한 상징 조작에 이순신이 활용된 것은 아니었을까 하는 점이다.[36] 이것은 광복 직후인 1946년 미군정청 체신국에서 만든 忠武公李舜臣 '영정 우표'(그림6)의 이미지와 그 이후 박정희 정권기에 나타

---

[36] 이 논문(7월 충남대 발표문)을 완성, 공개되고 되고 난 뒤, 마침 10월초 안동에서 만난 재일학자 邊英浩 교수로부터 직접 받은 그의 저서(『朝鮮儒教の特質と現代韓國-李退溪・李栗谷から朴正熙まで』(東京 : クレイン, 2010)를 읽고서, 일부 논의가 필자의 논지와 통하는 바가 있음을 알게 되었고, 또한 이 논문을 보완하는데 새롭게 시사를 얻은 바가 있었음을 밝혀둔다. 저서를 직접 제공해준 변교수에게 이 기회를 통해서 감사를 드린다.

변영호 교수는, 다음과 같이, 박정희 정권이 유교를 정치 이데올로기 조작의 도구로 활용되었음을 분명히 강조하고 있다: 박정희 정권 전기에는 유교나 전통적 요소가 철저하게 비판되었지만 유신체제기에는 전체주의 이론인 유기체 국가관과 더불어 유교 국가관(유교도덕)이 강조되어 큰 변화를 보인다. 즉 유신체제기에는 경제성장 진행과정에서 각종 모순이 격화되는 가운데 대립을 완화하기 위해서 이데올로기 조작이 필요하게 되고, 한편 대외적인 위협이 높아지는 가운데 내쇼날리즘적인 구심력을 높일 필요성이 강해졌다. 이 양 방향에 대응할만한 것이 유교와 주자학이었다. 북한과의 전쟁에 대비하여 직접 무력적인 상징이 필요한데 그 기능을 해낸 것이 이율곡과 충무공 이순신이었다. 아울러 국민통합의 상징이 된 이퇴계였다. 여기서 동상 건립이 추진된다. 퇴계학이 비정치론으로서 취급되는 것은 각종 정치적 대립 속에서 퇴계를 구출하여 국민통합의 표상으로 삼는 것이 필요했던 것이다.(「序章」, 27쪽. 번역은 인용자가 축약한 부분이 있음.) 그는 이러한 내용을「補論・1: 現代韓國における儒者・儒教の記憶と機能」에서 논증하고 있다. 그의 논지는 박정희 시대 후기 즉 유신체제기에 이퇴계, 이율곡을 비롯하여 儒者와 儒教에 대한 국민적 기억이 권력 정권유지를 위해서 활용된다는 점, 그리고 이것은 1970년대에는 대내적으로는 경제성장과 더불어 국민적 분열이 확대되고, 대외적으로는 미국의 중국 방문 및 주한미군 일부 철수로 인한 북한과의 전쟁가능성이 높아지고 있었기 때문이며, 이에 따라 박정희 정권 전기에는 유교나 전통적 요소가 철저하게 비판되었지만 유신체제기에는 전체주의 이론인 유기체 국가관과 더불어 유교주의 국가관(유교도덕)이 강조되어 큰 변화를 보인다는 것이다 (이상의 내용은, 변영호, 같은 책, pp.26-27, p.295). 아울러 이순신, 퇴계 등의 초상화에 얽힌 문제와 논의는 pp.279-281을 참조.

나는 화폐 속의 이순신 이미지를 비교해보면 알 수 있다. 즉, 충무공 이순신의 초상은 1970년 11월 '1백원짜리 주화'(그림8)에 처음 나타나는데(月田 張遇聖의 그림임), 이순신을 주 소재로 한 것은 박정희 대통령의 특별한 관심에 따른 것이라고 한다.[37] 이어서 이순신 영정은 1973년 9월 1일 한국은행에서 '500원권 지폐'(그림9)를 발행할 때 前面 도안의 소재로 채택되고, 1973년 10월 30일 표준영정으로 지정된다. 이 영정은 다름 아닌 1953년 月田 張遇聖(1912-2005) 화백이 그린 영정(그림7)이다. 아래 〈그림6〉에서 〈그림8과 9〉로의 '이미지 변천'을 비교해보자.[38)39)]

[그림 8] 1970년 11월
1백원짜리 주화(1970)〉

[그림 6] 이순신 영정
우표(1946)[38)]

[그림 7] 충무공
이순신의 표준영정
(1953년 장우성
화백 제작, 1973년
표준영정 채택)[39)]

[그림 9] 500원권 지폐의 이순신 영정
(1973)(전면에는 이순신 영정과 거북선,
후면은 현충사가 소재로 채택), 1982년
500원 '동전'으로 바뀌기 전까지 사용〉

---

37) 이에 대해서는 http://k.daum.net/qna/view.html?qid=3lv3V(검색일자: 2011. 10. 27) 및 한국 조폐공사 홈페이지의 〈화폐연대표〉(http://www.komsco.com/information/currency/korea/chart/chart04.asp)(검색일자: 2011. 10. 27) 등을 참조.

38) 출처: e뮤지엄(http://www.emuseum.go.kr/relic.do?action=view_d&mcwebmno=24783)(검색일자: 2011.10.28).

39) 앞과 같은 곳.

  박정희 정권 초창기(60년대)에는 건국의 이념과 남한 체제의 정통
성 확립이라는 측면에서 유교보다도 '花郞/花郞道/花郞精神-風流/風
流道'와 같은 남한(남조선)을 대표할 수 있는 – 즉, 북한(북조선)의 고
구려의 尙武精神에 대항할 수 있는 – 국민적 기억의 소급으로서 '신
라-경주'가 주목되고 있었다.[40] 이후 70년대에 들어서서 산업·경제
의 발전 및 유신 정권기의 민주화 세력의 데모와 저항, 계층 및 지역
간의 대립, 內訌을 겪으면서 內憂外患에 감당하기 위해 밖으로는(=外
患 대비) 북한 체제의 공격에 대비하는 구국안보 논리를 내세워 武人
으로서 충무공 이순신을, 여기에다 '十萬養兵說'을 주장한[41] 율곡 이
이를 추가하여 '畿湖' 유학의 현실대응에의 기민성을 부각시켜 내세
운다. 또한 안으로는(=內憂 대비) 내부적 화합, 안정, 민주화세력-학
생들의 데모 방지를 위한(하극상을 방지하고, 체제 안정 및 질서유지
를 할 수 있는)[42] 이념적 모색 선상에서, 이른바 민족의 내적 대통합
논리를 도모하는 전략으로, '嶺南' 유학의 중심인물이자 '理' 중심의
확고한 철학을 우직하게 구축해 간 대표 유학자 퇴계를, 당파와 계층,

---

40) 이를 뒷받침한 인물 중의 한 사람이 당시의 핵심 재야 이데올로그 凡父 金鼎卨
   (1897-1966)이다. 여기서는 이에 대한 상론은 피한다. 다만, 김정설과 박정희와
   의 관계 및 신라-경주-화랑도-풍류의 발견/재천명에 대해서 다음을 참고바람.
   최재목,「凡父 金鼎卨의 '東方學' 형성과정에 대하여(1): 〈東方學講座〉이전 시기
   (1915-1957)를 중심으로」,『동학학보』22호(동학학회, 2011.8)
   _____,「凡父 金鼎卨의 〈崔濟愚論〉에 보이는 東學 이해의 특징」,『동학학보』21호
   (동학학회, 2011.4)
   _____,「東의 誕生 – 수운 최제우의 동학과 범부 김정설의 동방학 –」,『양명학』26
   호(한국양명학회, 2010.8)
41) 이 점 때문에 일제강점기에는 이율곡이 기피되고 퇴계가 부각되었다는 점도 간과
   해선 안 된다.
42) 이에 대해서는, 鄭鎭石·鄭聖哲·金昌元(宋枝學 譯),『朝鮮哲學史』(東京: 弘文堂,
   昭和37), p.53을 참조.

지역적 모순에 대한 무언의 조정자 · 화해자=국가적 원로(國老)로서 기획, 요청하게 된다.[43]

표준 영정 및 화폐 등을 통한 퇴계 및 충무공, 율곡의 다양한 이미지의 창출은 이처럼 우리나라의 구체적 시대적, 이념을 배경으로 하고 있다. 특히 박정희 정권은 국민적인 文 · 武 의 영웅들을 국민적 기억 속에서 찾아내어 그것을 자신들의 정치체제 확립, 민족주의의 강화 등을 위해 새롭게 해석하고 활용하게 된다. 퇴계의 초상화 및 유자 · 선비 이미지의 탄생은 이러한 정치적, 시대적 배경을 읽어갈 때 그 의미가 보다 명확히 드러날 것이라 생각한다.[44]

Ⅲ. 결어

위에서 살펴본 대로 퇴계의 초상화에는 각기 그 시대가 요구했거나 상상했던 이념들, 이미지가 잘 반영되어 있음을 알 수 있었다. 다시 말해서 지금까지 고정된 하나의 실체화된 퇴계상은 없고, 우리나라의 복잡한 역사적 사정에 발맞춰, 거기에 걸 맞는, 여러 가지 퇴계상이 새롭게 창출되어 왔다는 것이다. 그것은 대부분 시대적, 정치적 배경에 기인한 것이라 하겠다.

---

43) 이 부분은 퇴계학을 국내외적으로 크게 부흥시킨, 퇴계의 후손이자 국제퇴계학회 故 李東俊 理事長이 박정희 정권 초창기에 퇴계를 국가적 주요 인물로 분명히 부각할 필요가 있다는 내용을 '자문'했다는 사실(현 국제퇴계학회 대구경북지부 이동건 이사장의 최근 구술 증언에 따름) 등을 고려하여 다시 조명할 필요가 있다. 이에 대해서는 별도의 논의로 돌린다.
44) 이 점에서 위에서 든 변영호 교수의 논지는 주목할 필요가 있다.

　퇴계는 조선시대 및 근현대기를 통해서, 한국을 대표하는 儒者 · 선비, 어른 · 元老 · 老人이라는 점에서 국민적인 '공동의 기억'의 조작이 가능한 인물이었다. 좀 더 세부적으로 들어서면, 초상 자체의 이미지 면에서, 조선시대 때에는 유자로서의 근엄, 강직, 돈후한 면이, 근대기에는 당시 요구되는 급박한 시대적 상황에서 위엄과 강건한 면이, 현대의 박정희 정권기에 와서는 앞선 예들과는 대조적으로 문약 심지어는 병약한 이미지로 왜곡되어 있었음을 알 수 있었다.

　그것은 퇴계가 武나 권력, 정치적 파당과 관련이 없는, 그런 경지를 넘어선, '국민적 노인 · 어른=國老'로서, 더욱이 '무언=침묵'으로서만 그 자리를 지켜야할 시대적 요청에 따른 것으로 추론해 볼 수 있다. 퇴계가 국가적, 사회적 '어른'의 역할을 할 수 있었던 핵심 부분은 실제 그의 생존 시에 지역 및 사회에서 드러냈던 사례들, 그리고 그가 난관에 처했을 때 보여주는 儒者 · 선비로서 보여준 초연함, 인격적 초탈성이었다. 하지만 이런 인간적 가치들이 국가적 정치의 맥락에서 특별한 상징조작의 기획과 만났을 때는, 또 다른 맥락에서 활용될 수 있음을 볼 수 있다.

　어쨌든, 퇴계초상은, 크게 보면, '전통 儒者'에서 '국민적 어른 · 老人'으로 진화해 갔는데, 이것은 각 시대가 요구한 대표적 知性, 儒者 혹은 선비로서의 퇴계상이 달랐던 점에 기인한 것이었다. 그렇다면, 퇴계의 초상화를 통해서 본 우리나라의 '선비'像 또한 그 시대, 시대의 '정신'을 충분히 반영한 것이고, 하나의 고정된 '실체적 형태'로 있어 왔던 것이 아니었음을 알 수 있다.

　아울러 퇴계의 초상화는 우리 역사 속의 퇴계상은 굴곡의 시대를 지나면서 구체적 역사 속에서 〈국가 · 사회 – 국민 대중〉 사이를 연결하며, 시대가 요구하는 중요한 정보를 전하는 교화용·교육용 매개체 즉 '미디어'로서의 역할을 했다는 점도 인식할 필요가 있을 것이다.

한국의 선비를 표상하는 퇴계의 이미지 창출은 여기서 끝난 것이 아니다. 앞으로 시대의 요구에 따라 얼마든지 새롭게 상상되거나 창출될 가능성이 열려 있는, '현재진행형'의 과제라고 할 것이다. 이것은 퇴계초상 속에 잘못된 이미지가 들어 있다면 얼마든지 새롭게 개선하거나 정정해갈 수 있는 여지가 있음을 시사하는 바이기도 하다.

마지막으로, 이 글은 향후 퇴계 초상화의 원본 등 새로운 자료의 발굴으로 새로 보완될 여지가 충분히 있음을 밝혀둔다. 그리고 율곡 이이 등의 조선시대 대표적 유학자들의 초상화 검토[45]와 더불어 퇴계 초상화 문제가 근현대기 정치적 상황이라는 맥락에서 보다 포괄적으로 다루어질 필요가 있음을 부기해둔다.

---

[45] 이 논문에서 퇴계 초상화에 주목한 것처럼 충무공 이순신과 율곡 이이의 초상화에 대해서도 필자는 별도의 논고로 준비 중에 있음을 밝혀 둔다. 우선 일제 강점기 율곡 초상화 유포 관련의 일부에 대해서는 최재목, 「退溪의 肖像畵에 대하여」를 참조 바람.

/ 3 /

退溪像의 두(修己的-治人的) 系譜 탄생에 대한 고찰

- 退溪像의 원형과 분화에 대한 試論 -

Ⅰ. 서언

이 글은 현존하는 퇴계의 네 점의 초상화(조선시대 1점, 일제강점기 1점, 해방 이후-현대 2점)를 통해서 修己-治人이라는 두 가지 '退溪' 像, 다시 말해서 〈治人的-外王的 퇴계상=대외용〉과 〈修己的-內聖的 퇴계상=대내용〉이 존재하게 된 사상적 이유를 계보적으로 밝혀보는 데 그 목적이 있다.

퇴계를 두 가지 타입의 '偉人' - 유교적 의미에서는 성현 - 으로 존 숭해 온 데에는 각기 다른 시대적 요청이 존재했었다. 다시 말하면 퇴 계의 초상화에는 각기 그 시대가 요구했거나 상상했던 이념들, 이미 지가 잘 반영되어 있는 것이다.[1]

---

1) 이러한 논의는 최재목, 「퇴계상의 변모」, 『퇴계학보』130집, (퇴계학연구원, 2011.12); 최재목, 「퇴계의 초상화에 대하여」, 『퇴계학논집』2집, (영남퇴계학연구원, 2008.6) 참조.

보통 유교적 관점에서 '聖人'이라 하면 두 가지 타입을 들 수 있다. 하나는 '禮(문화-제도)의 제작자'이고, 다른 하나는 '禮의 체득자'가 그것이다. 전자는 '治人=外王=외부 통치자' 타입의 성인이고, 후자는 '修己=內聖=내면적 인격완성자' 타입의 성인이다.[2]

중국의 유교 역사에서 '요-순-우-탕-문-무-주공-공자~'와 같은 道統의 흐름이 바로 성인(넓게는 聖賢)의 계보를 보여주는 것이다. 물론 성인 개념은 '선택된 소수자(특수적)'에서 '학문·덕행의 체득·실천으로 누구에게나 가능한 것(보편적)'으로 바뀌긴 한다. 그러나 그 판단의 기준은 '天人合一(合德)'이다. 인간이 인간으로서 도달할 수 있는 최고의 '인생경지'에 오르는 것을 말한다.[3]

그런데, 우리 역사에서 '성인'으로 인정받은 사람은 그다지 많지 않다. 聖雄 李舜臣, 聖王 世宗大王 정도이다. 여기에 한 사람을 필자에게 더 추가하라면 聖儒 李退溪(滉. 1501-1570)를 들 수 있을 것 같다. '聖儒'란 '성인의 도를 사모하고, 유자의 덕을 지닌 사람(慕聖人之道, 有儒者之德)을 말한다.[4] 聖雄-聖王-聖儒는 모두 생존 당시의 사회나 국가에 기여한 행적을 토대로, 근현대기 역사 속에서 사회적 합의 과정에 의해 만들어낸 '이상적인 인간상' 즉 偉人이다.

일본의 경우에도 '성인'이라 불리는 사람이 있다. 예컨대, 논란이 있긴 하지만, 쇼토쿠태자(聖德太子. 574-622), 오우미 성인(近江聖人)

2) 수기와 치인의 두 측면에서 聖人을 분석하고, 이러한 관점을 동양 삼국에 적용해서 살펴본 연구는 이기동, 『동양 삼국의 주자학』, (성균관대학교출판부, 2003)을 참고.
3) 풍우란, 『간명한 중국철학사』, 정인재 옮김, (서울/대구: 형설출판사, 2007), 31-35쪽 참조.
4) 『史記』「扁鵲·倉公 列傳」: 意好數, 公必謹遇之, 其人聖儒. 司馬貞索隱, 言意儒德, 慕聖人之道, 故云聖儒也.

으로 불렸던 나카에 토쥬(中江藤樹. 1608-1648) 같은 인물이다. 모두 인격과 덕성을 기준으로 선별된 인물이다.

　퇴계는 일찍이 동양 전통적 '성인' 혹은 '성자'에 상당하는 위인으로서의 모습이 인정되어 왔다. 근대 이후에는 시대적 요청에 의해 기획된 면을 부정할 수 없다. 그런데 퇴계는『퇴계선생언행록』에서 보듯이 이미 생존 당시부터 성자적인 흔적을 갖고 있다. 보통 聖者를「덕과 지혜가 뛰어나고 사리에 정통하여 모든 사람이 길이 우러러 받들고 모든 사람의 스승이 될 만한 사람」이라 하듯이, 인간이면서 '인간 그 이상'='성스러움'에 도달한 모습 말이다. 퇴계가 일찍부터 성인 내지 聖者로서 간주된 데에는 살아있는 인간(凡)이면서 인격적, 내면적 비범함이 있었기 때문이다. 이른바 '超凡入聖'에 관한 것이다.

　이 논문에서 먼저, 〈은폐된 '퇴계상' 다시 읽기〉를 통해서 그동안 은폐되어 온 퇴계상을 다시 복원하면서 〈治人-外王的 퇴계상=외향적 이미지〉와 〈修己-內聖的 퇴계상=내향적 이미지〉의 사상적 근거를 논의하고, 이어서 종래의 초상화를 통해서 〈두 가지 '退溪'像의 탄생과 흐름〉을 계보론적으로 논의할 것이다. 아울러, 이 논문에서 사용될 자료는『퇴계전집』및『퇴계선생언행록』에 나타난 퇴계의 행적, 그리고 근현대기에 만들어진 퇴계초상화가 중심이 될 것이다.

　이러한 논의를 통해서 그동안 명확히 밝혀지지 않았던 퇴계의 이미지를 보다 분명히 복원해냄으로써 퇴계연구의 폭을 넓혀 줄 것이고, 아울러 근대 이후 우리나라에 자생해 왔던 퇴계 이해와 연구의 숨은 틀을 새롭게 제시할 수 있을 것이다. 나아가서 다른 사상가들의 연구에 하나의 새로운 '방법'적 논의의 틀을 제공하는 계기가 될 것으로 본다.

Ⅱ. 修己的-治人的 退溪像의 탄생과 전개

1. 퇴계에서 보이는 수직적 깊이(=修己)와 수평적 넓이(= 治人)의 조화

최근 「退溪先生眞影」(조선시대) 1점이 추가로 발견되기 이전의, 현재 알려진 퇴계의 초상 3점(일제강점기: 1점, 해방 이후-현대: 2점)을 분석해 보면[5] 종래의 연구에서는 명확히 파악해내지 못했지만 퇴계상에 두 가지 흐름이 형성되고 있음을 살필 수 있다.

즉 ① 〈治人的 퇴계상〉과 ② 〈修己的 퇴계상〉이 그것이다. 최근 발견된 「退溪先生眞影」에는 이 두 가지 모습(①+②)이 모두 반영되어 있음을 알 수 있다.

아래에서는 이러한 퇴계의 초상에 대한 논의를 뒷받침하는 실제 퇴계의 모습을 그의 언행에 대한 기록인 『퇴계선생언행록』(이하 『언행록』)[6]을 토대로 정리한 다음, 퇴계 초상의 분석으로 나아가고자 한다.

1) 居敬과 窮理의 균형 : 투호(投壺)와 혼천의(渾天儀)의 시사점

살아 있는 퇴계의 모습을 만날 수 있는 좋은 방법은 그의 언행에 대

---

5) 이에 대한 기초적인 논의는 최재목, 「퇴계의 초상화에 대하여」, 『퇴계학논집』2집, (영남퇴계학연구원, 2008.6)과 이를 발전적으로 논의한 최재목, 「퇴계상의 변모」, 『퇴계학보』130집, (퇴계학연구원, 2011.12)을 많이 참고하였음을 밝혀둔다.

6) 이 논문에서는 홍승균 · 이윤희 역, 『퇴계선생언행록』, (서울: 퇴계학연구원, 2007)의 번역을 인용(예: 『퇴계선생언행록』권1, 「論格致」, 28쪽)하되, 필요한 경우에는 문장을 약간씩 수정한 경우도 있다.

3. 退溪像의 두(修己的-治人的) 系譜 탄생에 대한 고찰 83

한 기록인 『퇴계선생언행록』을 읽는 것이다. 『언행록』은 퇴계의 문집
과 문하생(及門弟子)들이 남긴 자료에서 퇴계의 언행 관련 부분을 추
출, 분류, 정리한 것이며, 퇴계의 평생 언행을 살필 수 있는 귀중한 자
료이다.

『언행록』을 읽어보면 지금까지 논문이라는 형태의 지적, 체계적, 논
리적인 작업 속에서 읽어낼 수 없는 또 다른 퇴계의 모습을 만날 수 있
다. 다시 말해서 종래의 연구에서는 크게 조명되지 못했지만, 퇴계의
내면적 깊이와 넓이, 일상생활에서 이루어지는 공부의 디테일과 심층
을 들여다 볼 수 있다는 장점이 있다. 그 가운데 주요한 하나가 아래의
예문이다.

> 선생(=퇴계)은 여러 학생들에게 投壺놀이를 시켜, 그 德性을 관찰하
> 였으며, 李德弘을 시켜 (옛날의 천체 관측장치인) 渾天儀[7]를 만들어서
> 그것으로 하늘의 모습[天象]을 관찰하였다.(李德弘)[8]

위의 글은 퇴계의 공부법을 재검토하는데 매우 중요한 시사를 갖는
다.[9] 즉 여기서 필자는 두 가지 점에 주목해 볼 필요가 있다고 생각한
다. 하나는, 퇴계가 제자들에게 '투호' 놀이를 통해서 '정신집중'하는
이른바 '居敬'이라는 방법을 썼다는 점이다. 그리고 다른 하나는, 옛날
의 천체 관측장치인 '혼천의'를 통해서 외부세계를 관찰하도록 했다

---

7) 원문에는 '선기옥형(璇璣玉衡)'이라 되어 있음.
8) 『퇴계선생언행록』권1, 「論格致」, 28쪽.
9) 이에 대해서는 이미 필자가 언급한 적이 있다(최재목, 『퇴계선생권12: 퇴계가 소년
   들에게 전하고 싶은 말들』, (영남퇴계학연구원, 2009)) 참조.

는 점이다. 이것은 퇴계가 일상의 제자 교육에서, ① 집중-수렴법과
② 관찰-확산법을 동시에 구사하고 있었다는 것을 말해준다.

[그림 1] 도산서원에 보관 중인 投壺와 渾天儀

기존의 퇴계연구에서는 크게 두 가지의 흐름을 상정할 수 있다. 理
學的 규정과 心學的 규정이란 두 형식이다.

우선 퇴계가 정주의 理學을 계승하는 측면을 강조하여 理氣二元論,
主理論 등의 강조를 토대로 퇴계학을 '理學'(=退溪理學)으로서 규정
하려는 시도를, 이른바 질서-규율-이성과 같은 외면주의에 무게를 둔
해석과 평가가 주로 이뤄졌다. 시기적으로는 대략 일제강점기부터 박
정희정권 시기나 민주화 과정에서는 이런 학문 분위기가 주류를 이룬
다. 예컨대, 이기영은 원효 이야기를 하는 가운데, 퇴계를 「주자의 꼬

봉[10]이자, 충실한 주구였」다고 평가[11]한 적이 있다. 퇴계가 주자의 부림만을 받은 理學 추종자란 말이다. 이런 경우가 80년대 이전의 평가를 대변한다고 하겠다.[12]

다른 한편으로, 80년대 이후부터는 퇴계의 '敬의 철학'을 구축하면서, 이른바 내면-집중-성찰-반성에 관심을 쏟았다는 내면주의에 무게를 둔 해석과 평가가 주류를 형성해 왔다. 물론 퇴계학은 퇴계 스스로가 「공부하는 자가 힘을 들여야 할 곳이 心身만큼 절실한 것이 없다.」[13]고 하듯이, '心'에만 관심이 집중된 것은 아니고 心身 양면의 균

---

10) 꼬봉이란 일본어로 '오야붕(親分 · 보스)에 대한 '꼬붕'(子分 · 계보원)으로, '신하나 부하'를 말한다. 주구(走狗, 注口, 誅求)란 '그릇에 따로 내민 부리'로 '남의 시킴을 받고 그 사람이 시키는 대로 행동하고 따르는 사람을 비유적으로 이르는 말'이다.

11) 이기영은 이렇게 말했다. 「사상의 깊이로 봐서 진짜 자랑할만한 사람은 원효대사죠. 의상대사를 자랑해도 괜찮아요. 의상대사의 「법성게」(「법계도」)(인용자 수정) 이런 작품은 세계 어디에도 없습니다. 그런 자랑할만한 사람이 그래도 신라 때 몇 사람 있어서 다행입니다. 그럼 유교에서 누가 나왔나요? 이퇴계가 있는데, 이퇴계는 완전히 주자의 꼬봉이자, 충실한 주구였죠. 국학이라고 하는 것에 대해서도 지금 거부감이 있는데, 세계적으로 인정받을 수 있는 타당성을 가진 학문을 만들어야죠. 그런 의미에서 율곡선생이 몇 갑절 낫습니다. 또 서화담이 거의 되다가 말았지만, 그 사람도 아주 멋있는 사람입니다.」(이기영, 『열반종요강의』, (서울: 한국불교연구원, 2005), 93-94쪽)(밑줄은 인용자).[참고로 이기영의 『열반종요강의』는 1993년 9월부터 12월에 걸쳐서 이루어진 녹음을 풀어서 정리한 것이다.] 이 인용에서 '국학' 운운 하는 등의 풍조는 70년대 이후 80년대에 걸쳐 이루어진 한국의 분위기를 담고 있다. 이러한 논의의 배후에는, 「연세대학교 국학연구원」이 1977년 5월 14일에 설립되었고, 안동의 「한국국학진흥원」이 1995년 12월 법인 설립 허가를 받아 1996년 11월 제1회 한국학 대회를 열었으며, 2001년 10월 세계유교문화축제의 개막과 병행하여 공식적으로 개원한 것처럼 국내의 '국학'이 제도화되어가는 흐름을 볼 수 있다.

12) 위의 주를 참조.

13) 李祥鎬, 『東學』, 「嘉言上 · 立敎/通論」: 退溪先生曰, 學者用工, 莫切於身心.(李祥鎬, 『퇴계학과 실학을 계승한 청소년 인성교육서: 東學』, 신귀현 역, (서울: 에디터, 2011), 40쪽)

형감을 중시하였고[14], 敬과 더불어 誠을 말하기도 하였다[15]. 그럼에도 불구하고 '敬'의 강조는 결과적으로 심-내면으로의 집중에 무게를 실어주는 연구 경향을 만들어낸다. 이러한 경향의 연구는 『이퇴계와 경의 철학』[16]이 대표적이다. '敬-心' 위주의 퇴계연구 경향은 기존의 主理論-理氣二元論 등을 중시하는 이른바 理學的 관점의 퇴계 평가(이것은 뒤에서 논의하는 퇴계의 치인적, 실천적, 외면적, 외향적 이미지와 연관됨) 흐름을, 心學的 측면의 평가(이것은 뒤에서 논의하는 퇴계의 수기적, 성찰적, 내면적, 내향적 이미지와 연관됨)를 통해 새로운 이미지 정립으로 전환해 간다. 이처럼 60-80년대의 理學的 연구-평가 분위기에서 80-90년대 이후의 心學的 연구-평가로의 전환은 우리 사회의 산업화, 민주화, 개방화라는 사회, 정치적 분위기와 連動하며 진행되고 있다.

어쨌든 퇴계가 여러 학생들에게 '투호'놀이를 시켜, 그 '덕성'을 관찰하고, '혼천의'를 만들어서 '하늘의 모습'을 관찰하였다는 사실은 그가 정신의 집중을 의미하는 '居敬'과 만사만물(=사사물물)에 내재한 이치를 탐구하려는 '窮理'의 양면을 균형 있게 모색하고자 했음을 보

---

14) 퇴계가 身心 수련과 건강 유지를 위해 활용하고 후손에 전했다는 『活人心方』도 그가 정신 수련만을 중시한 것이 아니라 육체적인 수련도 함께 중시했음을 말해준다.(이철완, 『활인심방: 퇴계 이황의 평생건강 비법』, 서울: 나무의 꿈, 2009) 참조).

15) 『언행록』에는 이런 기록이 있다. 「신유년(1561년)에 처음으로 선생을 찾아뵙고 몸담을 일을 청했다. 선생이 말씀하기를, "敬하는 일이 道에 들어가는 문이다. 그러나 반드시 성실(誠)해야 중단되는 일이 없을 것이다."라고 하였다.」(鄭士誠)(『퇴계선생언행록』권1, 「敎人」, 56쪽).

16) 예컨대 그 대표적인 저서가 高橋進, 『李退溪と敬の哲學』, (東京: 東洋書院, 1985) (한국어 번역은 高橋進, 『이퇴계와 경의 철학』, 안병주 역, (서울: 신구문화사, 1986)).

여준다. 이것은 기본적으로 그의 공부법이 유교의 「合外內之道」(=① 修己治人, ② 修己安人, ③ 內聖外王, ④ 成己成物)의 연장선에 있음을 시사한다. 본래 유학의 이상인 수기치인의 理想은 '인간이란 무엇인가?', '우리는 무엇을 할 것인가?'에 대한 번민과 그 해결 과제를 떠안은 것이다.

　잠시 논의에 필요한 유학의 핵심개념 ① 修己治人, ② 修己安人, ③ 內聖外王, ④ 成己成物에 대해 간단하게 설명을 해두다.

　① 修己治人(나를 닦고, 남을 다스린다)은 남송의 주자(주희)가 쓴 「大學章句序」에 나오는 말이다.

　② 修己安人(나를 닦아서, 남을 편안하게 한다)은 『論語』「憲問」에 나오는 공자의 말이다.

　③ 內聖外王(안으로는 도덕적 완성자인 성인이 되고 밖으로는 세상을 다스리는 왕이 된다(왕노릇 한다))은 『莊子』「天下」의 「內聖外王之道」에 나오는 말이다. 즉, 「그러므로 내성외왕의 도는 캄캄하게 밝혀지지 않고 엉켜 드러나지 않게 되었다. 그래서 천하 사람들은 제각기 자기가 바라는 것을 닦아 가지고 스스로 도라고 생각하게 되었다. 슬프다! 여러 학파의 많은 학자들은 자기의 생각대로만 달려 나가면서 근본으로 되돌아올 줄 모르고 있으니, 절대로 그들은 도에 합치 되지 못할 것이다(是故內聖外王之道, 闇而不明, 鬱而不發, 天下之人各爲其所欲焉以自爲方, 悲夫, 百家往而不反, 必不合矣.)」에서처럼 儒家에 대한 부정적인 비평으로 사용되었다. 이것은 모두 안과 밖을 통일하려는, 긴장감을 지진 고뇌(predicament)를 의미한다.

　④ 成己成物(자신을 완성하고 타자를 완성한다)은 『禮記』「中庸」에 나오는 말이다. 여기에는 「자신을 이루는 것은 仁이고, 타자를 이루는

것은 知이다. 그것이 본성의 德이다. 내외를 합하는 道이다(成己, 仁也. 成物, 知也. 性之德也, 合外內之道也)」라고 하였다. 成己=內=仁와 成物=外=知를 합한 도 즉「合外內之道」를 언급한다. 전자는 修己에, 후자는 治人에 연결된다.

仁(성기=수기)는 '수직적 깊이'를, 知(성물=치인)은 '수평적 넓이'를 보여준다. 따라서「知者樂水, 仁者樂山」(『論語』「雍也」)=「지혜로운 사람은 물을 좋아하고, 어진 사람은 산을 좋아한다」는 말로 연상이 이어진다. 즉 仁은 '山'의 이미지이고, 산은 '仁者(어진 사람)'의 상징이다. 어진 사람은 산처럼 수직적, 보수적, 정적(안정적-장중), 평화적, 내적-덕성 지향적이란다. 자신을 움직이려 하지 않는 산처럼, 고요한 깊이, 사색과 성찰의 길로 들어서기 때문이다. 반면 知는 '水'의 이미지이고, 수는 '知者(지혜로운 사람)'의 상징이다. 지혜로운 사람은 물처럼 수평적, 개방적, 합리적, 동적(역동적-변모), 외적-지식 지향적이란다. 어디론가 멀리 흘러 뻗어 나가는 물처럼 부단한 자아실현의 길에 들어서기 때문이다.

이 내용을 도표로 정리하면 아래와 같다.

[도표1] 수기(X축)치인(Y축)의 함수관계

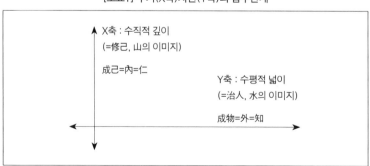

앞서서 서술한, 퇴계의 투호-거경, 혼천의-궁리라는 세트화된 공부법은 불교의 수행법과 대비적으로 살펴보면 좋을 듯하다.

즉, 불교에서는 거론되는 주요한 두 가지 공부법은 사마타(samatha, 止)와 위빠사나(vipassana, 觀)이다. 사마타는 三昧(samadhi, 定), 위빠사나는 洞察知(panna, 慧, 般若)에 속한다. 전자는 올바른 선정(삼매)을 얻기 위한 방법이고, 위빠사나는 통찰지를 얻기 위한 방법이다. 퇴계는 주자학 넓게는 송학의 주요 학설인 '居敬窮理說'의 영향을 받고 있는데, 이 거경궁리설은 본래 불교의 수행법을 유교적으로 잘 변용한 것이라 할 수 있다. 이에 대해서는 미우라 구니오의 논의를 참고할만하다.

즉 그는 이렇게 말한다. 「송학의 거경 · 궁리설은 심리 구조로서는 불교의 定 · 慧, 더 나아가 天台의 止觀과 통하고 있으며 그것을 모델로 하여 형성되었을 가능성이 크다. 따라서 거경(P) · 궁리(Q) 역시 '지관의 심리 벡터도'와 마찬가지로 T자형으로 표시될 수 있을 것이다. 뿐만 아니라 거경과 궁리의 안에도 각각 다른 PQ구조가 내장되어 있다고도 말할 수 있지 않을까? 이것을 임시로 다음과 같이 도식화하면 다음과 같다.」[17]

[도표 2] 居敬과 窮理의 함수관계(1)

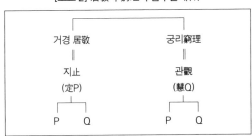

---

17) 미우라 구니오, 『주자와 기 그리고 몸』, 이승연 옮김, (서울: 예문서원, 2003), 244쪽. 문장은 인용자가 약간 고쳤고, 〈도표〉는 그대로 인용하였음.

　그리고 그는 또 말한다. 「止觀을 心의 두 가지 작용으로 추상화할 경우, 아래 그림과 같이 '누운 T자'형 모델로 표시해 둘 순 없을까. P는 지(止)를 나타낸다. 밑으로 향한 화살표는 영점을 향해 심이 沈靜化하는 벡터이다. 이것을 '가라앉는 의식'이라 부르기로 하겠다. Q는 觀이다. 좌우로 뻗은 화살표는 관의 시선의 방향을 보여준다. 왼쪽은 內境 즉 자기의 마음을 향하고 있고, 오른쪽은 外境(즉 바깥세상)을 향하고 있다(아래 그림 참조). 이것을 '보는 의식'이라 부르도록 한다.」[18]

[도표 3] 居敬과 窮理의 함수관계(2)

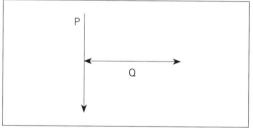

　송학의 연장선에서 이해할 수 있는 퇴계의 居敬과 窮理는 일반적으로 신유학자들의 앎[知]은 그랬듯이, '나'의 내면의 도덕적 '깊이'와 '타자(만인 만물)'를 향한 큰 책임감이란 '넓이'를 일치시키려는, 부단한 내적(심리적 · 도덕적) 긴장[19] 속에서 영위되고 있었던 것이다.

18) 미우라 구니오, 『주자와 기 그리고 몸』, 221쪽. 문장은 인용 자가 약간 고쳤고, 〈도표〉는 그대로 인용하였음.
19) T.A. metzger는 중국의 신유학자(new-confucian)들은 의식적이든 무의식적이든 간에 현실과의 긴장(tension)-심리적 · 도덕적 · 형이상학적인 내적 긴장과 정치적 · 경제적인 외적 긴장- 속에서 깊은 고뇌(predicament)의 의식을 가지고 있었으며 ,여기서 결국 자기와 사회를 변혁함으로써 복잡하게 뒤얽혀서 형성된 고뇌로부터 탈출하고자 했다고 본다.(escape from predicament, columbia univ.

특히 퇴계의 경우 '나'의 내면의 도덕적 '깊이'의 심화가 두드러지는
방향으로 진척되어 갔음을 알 수 있다. 더욱이 퇴계의 경우에 두드러
지는 것은 도덕 주체성에 입각한 인격의 고양이다. 이 논문에서는 이
러한 점을 '聖者적 면모'라는 개념을 사용하여 표현하고자 한다. 다만
여기서 사용하는 '성자적 면모'란 개념은 인간이면서 인간 그 이상의
면모를 가졌음을 지칭하려는 것이지 퇴계를 탈인간화나 신격화를 위
한 관심이 아니다. 이 지칭은 필자 개인의 의도성에 기인한 것이 아니
라 다음의 〈(2) 거경의 심화: '聖者'적 면모〉에서 보듯이 『언행록』의 다
양한 기록에 근거한다.

2) 居敬의 심화와 '聖者'적 면모

『언행록』의 내용에 보면 퇴계의 일상적 행위와 처신 등이 비범했음
을 알 수 있다.[20] 이것은 기본적으로 그의 성품이 반성적 · 성찰적인
기질에 기인한 것이며[21] 「한걸음 걷는 사이에서 마음을 보존하려는」

---

press, 1977 참조).

　이에 대해서는 최재목, 「고뇌로부터의 도피 -「知的 帝國主義」의 자기반성은 과
　연 가능했는가? -」, 『문화 · 비평 · 사회』 I , (현대미학사 · 동아대인문과학연구
　소, 1999)와 사토 신이치, 「미국의 근대 중국 연구와 하버드 학파」, 최재목 옮김,
　『오늘의 동양사상』제9호, (예문동양사상연구원, 2000)를 참고[이 두 글은 최재목,
　『멀고도 낯선 동양』, (이문ز판사, 2004) 참조].

20) 한 가지 예로, 「靜存(=李湛)이 일찍이 말하기를, "내가 보건대, 퇴계는 어려서부터
　안팎이 단정하고 겉과 속이 여일하여 몸가짐과 일처리에 털끝만큼도 의심스러운
　점이 없었을 것이다"」(禹性傳)(『퇴계선생언행록』권1, 「成德」, 43-44쪽)처럼, 퇴
　계가 어려서부터 몸가짐이 단정했다는 평가가 있다.

21) 예컨대, 퇴계는 어릴 적의 과오를 더듬어 자신을 성찰하기도 한다. 「일찍이 말씀하
　시기를, "어릴 때에 숙부 松齋公을 따라 안동에 갔다. 어느 날 들판에서 사람들
　과 어울려 사냥을 하며 놀다가 술이 취하여 말에서 떨어졌다. 술이 깬 다음 자신을

노력에 대해 언급할 정도로 매사 조심하고 경계하여 스스로를 다잡는
경향을 보인다[22].

아울러 퇴계가 일생 독실하고 깊이 있게 추구했던 유학의 도덕적
원리들을 실천하여 내면화 · 신세화한 점을 간과해선 안 된다.

다시 말해서 그는 자신의 일거일동을 성현의 말씀, 그것을 담은 경
전, 거기에 드러난 이치(理)를 거울처럼 두고 항상 자신의 모습을 거
기에 비춰보는 냉엄함, 긴장감을 감지하게 된다.[23] 그래서 앉는 자세
하나하나까지도 문제가 되고 있었다. 퇴계의 자세는 늘 바르게 앉는
것(정좌-단좌)이었다.

> ⓐ 종일 靜坐(정신통일을 위한 앉음)하였으며 때로는 盤坐(책상다
> 리의 앉음)하였으나 역시 반드시 단정하고 장엄(端莊)하였으며,
> 조금도 몸을 기울이거나 기대는 일이 없었다. 가다가 몸이 피곤
> 하면 눈을 감고 端坐(자세를 바르게 하여 앉음. 정좌)할 뿐이었
> 다.(禹性傳)[24]

통렬히 책망하면서 깨우치고 반성하는(警省) 마음을 잠시라도 잊은 적이 없다. 지
금도 생각하면 근심하고 두려워져서(惕然) 마치 어제 일 같다"(金誠一)(『퇴계선
생언행록』권1,「存省」, 33-34쪽.)

22) 예컨대 이런 기록이 보인다.「일찍이 말씀하시기를, "사람은 마음가짐이 가장 어
렵다. 일찍이 스스로 경험하여 보았는데, 한걸음을 걷는 사이에 마음이 그 한걸음
에 보존되어 있기도 어려웠다" 하였다.」(金誠一)(『퇴계선생언행록』권1,「存省」,
33-34쪽).

23) 이에 대한 논의는 최재목,「退溪思想과 '거울'의 隱喩」,『陽明學』제24호, (한국양
명학회, 2009.12)을 참조 바람.

24) 『퇴계선생언행록』권2,「起居語默之節」, 83-84쪽. 참고로 기타 跪坐(꿇어 앉음),
箕坐(두 다리 뻗고 편안히 앉음)가 있다.

ⓑ 묻기를 "盤座(책상다리 하고 앉음)와 危座(자세를 가다듬고 앉음. 정좌. 단좌)가 어떻습니까? 하니 선생이 말씀하시기를, "반좌도 좋다. 그러나 처음 배우는 자는 우선 위좌하여야 할 것이다"하였다.(金晬)[25]

ⓒ 東湖의 讀書堂(道山)[26]에서 말미를 받는 날이면, 동료들은 모두 해방된 기분으로 스스로를 단속함(檢束)이 없이 매일같이 술 마시고 시 읊는 것으로 일을 삼았으나 선생 홀로 하루 종일 端坐하여 더러 문을 닫고 글을 읽기도 하였다.
비록 때로는 남들과 놀이를 즐기기도 하였으나 역시 빠져들거나 방탕함에까지는 이르지 않았으므로, 동료들이 모두 그 몸단속함을 존경하였으며 자기들과 다르다고 시기하지도 않았다.(金誠一)[27]

이 인용들(ⓐ-ⓒ)은 퇴계에서 보이는, 敬의 구체적 강령인 '主一無適'과 '整齊嚴肅' '常惺惺法'의 실천이다. 퇴계는 일상생활에서 敬을 이미 매뉴얼화하고, 충분히 신체화·생활화하고 있었음을 알 수 있다.
그는 어떤 경우에라도 의관을 정제하고 엄숙한 모습을 갖추며, 또렷이 깨어 집중된 정신 상태를 유지하는 데서 하루 일과를 시작하고 있었다.
이러한 퇴계의 일거일동에서 엄숙함이 묻어나와 모두 숙연해지며

---

25) 『퇴계선생언행록』권1, 「敎人」, 53쪽.
26) 궁중의 서고인 東觀을 老子의 서적이 보관되어 있다 하여 '道家의 蓬萊山'이라 부른 데서 유래한 말로, 여기서는 東湖에 있던 讀書堂을 말한 것으로 보임.
27) 『퇴계선생언행록』권1, 「律身」, 87쪽.

범접하기 어려웠다. 퇴계에 대한 존경심, 경외감은 이런 범상함에서
나온 것이다.

    ⓐ 평소에 날이 밝기 전에 일어나서 조용히 방안에 앉아 마음을 추슬
      러서 궁구하고 사색하는 것이 마치 塑像 같았다.(禹性傳)[28]

    ⓑ 선생이 평소에는 하루종일 단정히 앉아서, 비록 피곤하여도 기
      대거나 자세를 흩트리는 일이 없었다. 가다가 정신이 지치면 자
      깐 江臺에 나가서 이를 회복하거나 안석에 기대어 잠시 휴식하였
      다.(李德弘)[29]

    ⓒ 평소에 날이 밝기 전에 일어나서 이불과 자리를 거두어서 정돈하
      고 세수하고 머리빗고 의관을 갖추어서 매일같이 『小學』으로 操
      身하였다.
      젊은이나 어른들이 글방에 모여서 여럿이 제멋대로 자세를 흩트
      리고 있는 속에서도 반드시 몸을 거두어 단정히 앉았으며 옷매무
      새를 반드시 단정히 하고 언행을 언제나 삼가서 하였으므로 사람
      들이 모두 사랑하고 공경하여 감히 소홀히 대하지 못하였다.(金
      誠一)[30]

    ⓓ 평소에 날이 밝기 전에 일어나서 모자 쓰고 띠 두르고(冠帶) 서실
      로 나가 자세를 바로 하고 단정히 앉아서 잠시라도 몸을 기울거

---

28) 『퇴계선생언행록』권2, 「起居語默之節」, 83쪽.
29) 『퇴계선생언행록』권2, 「起居語默之節」, 83쪽.
30) 『퇴계선생언행록』권2, 「起居語默之節」, 83쪽.

나 기대는 법이 없이 종일 글을 읽었다.(鄭惟一)[31]

ⓔ 과거를 준비하던 수험생(擧子)이던 시절, 郡의 향교(郡庠)에 가
서 공부한 일이 있는데 의관이 整齊되고 言動이 신중하였다.
사람을 접할 때는 비록 거만하게 구는 일이 없었으나 스스로 범
접하기 어려운 권위가 있었으며 숙연하여 사람들이 공경하고 사
랑하였다.(金誠一)[32]

ⓕ 을축년(1565)가을과 겨울에, 性傳이 溪南의 서재에 기숙하고 있
었다.
선생을 보니 항상 東齋에 거처하면서 밤이 깊어서 잠자리에 들고
날이 밝기 전에 일어나서 의관을 정제하고 방을 나왔다. 매일 같
이 이렇게 하였다.(禹性傳)[33]

ⓖ 선생은 앉을 때는 반드시 단정하고 엄격하였으며(端嚴) 손발을
움직이지 않았다.
여러 학생들과 상대할 때에 마치 존귀한 손님이 좌석에 있는 것
같이 하였다. 모시고 앉았을 때에는 감히 우러러 쳐다볼 수가 없
었으나 앞에 나아가 가르침을 받을 때는 화기(和氣)가 훈훈하고
강의가 다정하고 친절하여 처음부터 끝까지 환히 통달해서 의심
나거나 불분명한 것이 없었다.(鄭士誠)[34]

31) 『퇴계선생언행록』권2,「起居語默之節」, 83쪽.
32) 『퇴계선생언행록』권1,「律身」, 86쪽.
33) 『퇴계선생언행록』권2,「起居語默之節」, 84쪽.
34) 『퇴계선생언행록』권2,「起居語默之節」, 84쪽.

ⓗ 關西(평안남북도 지역)는 본래 번화한 곳이라고 일컫는데, 그 때문에 선비들이 구렁텅이에 떨어지는 일이 앞뒤를 이어 일어났다. 선생이 일찍이 咨文點馬[35)]가 되어 일 때문에 義州에 한 달간 머물렀으나 전연 女色을 가까이하지 않았다. 돌아오는 길에 평양에 들렀을 때, 감사가 이름난 기생을 곱게 꾸며서 잠자리에 들였으나 끝내 돌아보지 않았다.(金誠一)[36)]

   위의 여러 범례(ⓐ-ⓗ)에서 보듯이 퇴계의 면모는 공통적으로 스스로를 단속하고, 한 치의 흐트러짐이 없는 경계심, 엄정함을 보여준다. 이것은 凡人들과 다른 인격적 면모이다.
   그런데, 퇴계의 敬의 자세는 '나의 마음'으로 '나 자신'을 통어하는 것이다. 이러한 자아 혹은 심신 통제시스템은 어떻게 획득되는 것일까? 주자학과 대립하며 성립한 양명학은 敬을 蛇足으로 보고 '誠'을 중시한다. 이러한 주자의 경의 상태를 유지하는 居敬의 공부방법론[37)]에 대해 양명은 「誠意를 주로 하면 敬이라는 글자를 덧붙일 필요가 없

---

35) 자문점마란 명나라에 자문과 함께 보낼 말을 감정하여 명부에 일일이 점을 찍어가며 수를 조사하는 직책.

36) 『퇴계선생언행록』권1,「律身」, 89쪽.

37) 주자는 持敬, 즉 경건·엄숙한 마음과 태도를 항상 간직하는 공부를 중시하였다. 그런데 그것은 謝上蔡의 "항상 또렷이 깨어 있는 법[常惺惺法]", 尹和靖의 "그 마음을 [안쪽으로] 거둬들여서 [바깥의] 한 가지 물건도 받아들이지 않는 것[其心收斂不容一物]", 程伊川의 "옷매무새를 가지런히 하여 엄숙한 것[整齊嚴肅]"·"마음이 한 가지를 주로 하여서[한곳에 집중하여서] 다른 데로 흩어짐이 없는 것[主一無適]"이라고 하는 이른바 경에 대한 定義를 계승·수용한 것이다. 그런데 주자는 사상채 등의 경에 대한 논의가 "모두 같은 내용"이고(『주자어류』권17), "정제엄숙'이 다른 것들을 꿰뚫는다[貫通]"고 했다.(『주자어류』권120)

으며, 만약 덧붙인다면 그것은 蛇足과 같은 것」이라고 했다.[38] 그리고 일본 양명학의 시조인 中江藤樹(1608-1648)는 송학=정주학의 持敬說은 「持敬의 기상氣象을 형용하는 것일 뿐」이며 「공부의 골자는 아니다」라고 하고 「만일 이러한 여러 설에 의지하여 마음을 파악하고자 한다면 그 보존하는 마음이란 감각[知覺]에 치우친 마음이라서 老子 · 佛家 그리고 小人의 무리와 다름없다」고 심하게 비난하기도 한다

---

38) 『전습록』상권에는 이렇게 말한다 : "선생님께서 말씀하시기를, "『대학』의 공부는 바로 밝은 덕을 밝히는 것이다. 밝은 덕을 밝히는 것은 뜻을 성실하게 하는 것이며, 뜻을 성실하게 하는 공부는 오직 물(物)을 바르게 하고 양지(良知)를 실현하는 것이다. 만약 뜻을 성실하게 하는 것을 중심으로 물(物)을 바르게 하고 양지를 실현하는 공부를 한다면 공부가 비로소 결실이 있게 된다. 선을 행하고 악을 제거하는 것은 뜻을 성실하게 하는 일이 아닌 것이 없다. 주자의 신본과 같이 사물의 이치를 먼저 규명하고자 한다면 아득하고 광대하여 전혀 의지할 곳이 없게 되며, 반드시 하나의 '경'(敬)자를 첨가해야만 비로소 몸과 마음으로 끌어들일 수 있게 된다. 그러나 끝내 근원이 없다. 만약 반드시 '경'자를 첨가해야만 한다면 무엇 때문에 공자의 문하에서 도리어 하나의 가장 중요한 글자를 빠뜨리고 천여년 뒤를 기다려서 다른 사람이 보충하게 했겠느냐? 다시 말하면 '성의'를 중심으로 삼는다면 '경'자를 첨가할 필요가 없다. 따라서 성의를 제출하여 설명했으니 이것이 바로 학문의 커다란 핵심처이다. 이 점을 살피지 못하면 터럭만큼의 작은 차이가 결국은 천리만한 큰 오류를 가져올 것이다. 무릇 『중용』의 공부는 오직 몸을 성실하게 하는 것이고, 몸을 지극히 성실하게 하는 것이 바로 지극한 성실함이다. 『대학』의 공부는 오직 뜻을 성실하게 하는 것이며, 뜻을 지극히 성실하게 하는 것이 바로 지극한 선이다. 공부는 모두 마찬가지이다. 이제 여기에 하나의 '경'자를 보충하고 저기에 하나의 '성'자를 보충하여 해설하는 것은 뱀을 그리는데 쓸데없이 다리를 그려 넣는 잘못을 면하지 못한다."(先生曰, "『大學』工夫卽是明明德. 明明德只是箇誠意. 誠意的工夫只是格物致知. 若以誠意爲主, 去用格物致知的工夫, 卽工夫始有下落. 卽爲善去惡, 無非是誠意之事. 如新本先去窮格事物之理, 卽茫茫蕩蕩, 都無着落處, 須用添箇敬字, 方才牽扯得向身心上來. 然終是沒根源. 若須用添箇敬字, 緣何孔門倒將一箇最緊要的字落了, 直待千餘年後要人來補出? 正謂以誠意爲主, 卽不須添箇敬字. 所以提出箇誠意來說, 正是學問的大頭腦處. 於此不察, 直所謂毫釐之差, 千里之繆. 大抵中庸工夫只是誠身, 誠身之極, 便是至誠. 大學工夫只是誠意, 誠意之極, 便是至善. 工夫總是一般. 今說這裏補箇敬字, 那裏補箇誠字, 未免畫蛇添足.)

(『藤樹先生全集』,「持敬圖說」).[39] 그러나 여기서 주의할 점은 퇴계의
경은, 그가 성현의 말씀을 담은 경전을 神明처럼 여기고, 성현이 실재
로 계신 존경하는 데서 그 힘을 발한다. 다시 말해서 인격적 실재를 상
정하고, 그런 경건한 믿음을 통해서 엄숙함이 저절로 우러나오는 것
이었다. 이론적 명분적으로 내 마음이 나의 심신을 통어하는 단순한
형식적 문제는 아니었다. 예컨대, 퇴계가 심경부주를 받아들일 무렵을
돌이켜 볼 필요가 있는데[40] 『心經附註』는 퇴계에게 심학의 연원과 마
음을 다스리는 방법을 알게 만들었고, 또한 처음으로 심학에 감동하
고 분발하여 그 공부에 떨쳐 일어나게 만들었다. 그래서 그는 이 책을
神明과 같이 믿고 嚴父와 같이 존경하였으며 평생 동안《四書》나 『近
思錄』에 못지않다고 믿었다.[41] 이처럼 퇴계의 학문함에서 드러나는 일
상생활의 태도는 경전에 성현이 계신 듯 심신을 가다듬고, 성현의 말
씀을 실존적으로 파악하고자 했다.[42] 그래서 매일의 생활은 성현에게

---

39) 이에 대해서는 최재목, 『왕양명의 삶과 사상: 내 마음이 등불이다』, (서울: 이학사,
2003), 158-160쪽; 최재목, 『東アジア陽明學の展開』, (東京: ぺリカン社, 2006),
150~51쪽을 참조.
40) 이에 대해서는, 최재목, 「李退溪의 陽明學觀에 대하여 – 退溪의 독자적 心學 형성
과정에 대한 一試論 -」, 『퇴계학보』제113집, (퇴계학연구원, 2003)을 참고 바람.
41) 「心經後論」(『增補 退溪全書』 제2권, pp326-328)참조. 그리고, 「퇴계선생언행록」
권1,「學問篇」[李德弘의 기록]에는, 「선생께서 말씀하시기를, 「나는 『심경』을 얻
어 본 뒤로 비로소 심학의 연원을 알게 되었다. 따라서 나는 평생동안 이 책을 신
명(神明)과 같이 믿었으며, 이 책을 엄부(嚴父)와 같이 공경하였다(先生自言, 吾
得心經而後, 始知心學之 淵源, 心法之精微, 故吾平生, 信此書如神明, 敬此書如嚴
父)」(『增補 退溪全書』 제4권, p169)라고 되어 있다.
42) 이러한 퇴계의 학문함에서 드러나는 일상생활의 태도는 그의 『聖學十圖』 중 「夙
興夜寐箴圖」에 잘 드러나 있다. 퇴계는 「새벽에 일찍 일어나 세수하고 빗질하고
의관을 갖추고, 단정히 앉아 안색을 가다듬은 다음, 이 마음 이끌기를 마치 솟아
오르는 해와 같이 밝게 한다. 엄숙히 정제하고(嚴肅整齊), 마음의 상태를 허명정
일(虛明靜一)하게 가질 것이다. 이때 책을 펼쳐 성현들을 대하게 되면, 공자께서

자리에 계시고, 안자와 증자가 앞뒤에 계실 것이다. 성현의 말씀을 친절히 경청하고, 제자들의 문변(問辯)을 반복하여 참고하고 바로 잡아라. 일이 생겨 곧 응하게 되면, 실천으로 시험하여 보라.」등의 말(陳茂卿의 箴)을 그대로 실천하고 있었다. 이것은『退溪雜詠』(이황,『退溪雜詠』, 이장우 · 장세후 옮김, (서울: 연암서가, 2009))(아래의 인용에서는 이 책의 쪽수를 표시함)에 보면 잘 드러난다. 즉 그는 성현의 말씀이 담긴 경전을 앞과 곁에 두고 성현이 '계신 것처럼' 존경심을 드러내고 있다. 예컨대,「도서는 사방의 벽 가득 채우고 있네./옛 사람 지금 여기 없지만,/ 그 말씀 향기로이 남아있네.(圖書盈四壁/古人不在兹/其言有餘馥)」(「寒栖雨後書事」)(49쪽);「까마득한 저 옛날의 성현들께서는,/몸은 죽었지만 도는 길이 울리네.(邈彼古聖賢/身死道長鳴)」(「和陶集飮酒, 二十首」 중 '其七')(69쪽);「내 천년 성인 그리워 하나니./(...)/아름다운 훈계가『심경』에 빛나네.(我思千載人/(...)/心經嘉訓炳)」(「和陶集飮酒, 二十首」 중 '其十三')(81쪽);「어려서나 젊어서나 성인의 가르침 들으니(少小聞聖賢)」(「和陶集飮酒, 二十首」 중 '其十九')(95쪽);「현인되기를 바람은 실로 우리네 일이네(希賢正屬吾儕事)」(「和鄭子中閑居二十詠」 중 '求知')(253쪽) 등에서 볼 수 있다. 성현에 대한 존경심의 표현은『퇴계선생언행록』에서도 마찬가지이다. 예컨대,「암서헌(巖栖軒)의 양면을 서가(書架)를 만들었는데, 유독 서쪽 변만 반쪽만 막고 그 가운데는 비워 두었으므로, 묻기를, "이처럼 하는 것은 어떤 이유가 있습니까?" 하였더니, 선생이 말씀하기를, "여기는 내가 기거하고 잠잘 곳이다. 성현의 경전(經典)등 교훈을 뒤에 두고 등지고 앉는다는 것은 미안한 일이다. 그래서 이렇게 한 것이다." 하였다.」(琴蘭秀)(「家居」, 96쪽);「선생은 제사를 마치고 자리를 걷은 뒤에도 오랫동안 신위(神位)를 향하여 앉아 있었다.」(李德弘)(「家居」, 98쪽);「선생이 성현을 존경하고 흠모하여 공경하기를 마치 신명(神明)이 위에 있는 것처럼 하였다. 글을 읽을 때에는 반드시 이름 자를 피하여 그냥 '모(某)'라고만 읽어서 그를 범하는 일이 없었다.」(金誠一)(「讀書」, 20쪽);「선생이 말씀하기를 "성경(聖經)을 읽어 자신을 돌이켜본다. 잘 이해가 되지 않는 곳이 있으면 생각하기를, '성인이 교훈할 때는 반드시 사람들이 알 수 있고 실천할 수 있는 것에 대해서 말씀하였을 터인데, 성현의 말씀은 저와 같고 나의 생각은 이와 같으니, 이것은 곧 나의 노력이 투철하지 못한 때문일 것이다. 성인이 어찌 알기도 어렵고 실천하기도 어려운 것을 가지고 나를 속이겠는가?'하고는 더욱 성현의 말씀을 믿고 마음을 비워서 이를 탐구한다면, 장차 깨달아 얻는 것이 있을 것이다."하였다.」(金富倫)(「讀書」, 22쪽).   퇴계 사상은 '거울(鏡)'의 은유로 구축되어 있다고 해도 과언이 아니며, 그 정점에 놓여 있는 것이 퇴계 59세(1559년)에 편집한『고경중마방(古鏡重磨方)』이라 생각된다. 사실 퇴계사상에서 거울의 은유는 단지『고경중마방』에 머물지 않는다. 그가 자연 속에서 자신을 성찰한 시집『퇴계잡영(退溪雜詠)』·『도산잡영(陶山雜詠)』·『도산십이곡(陶山十二曲)』등의 시, 총 22편의 편지를 편집한『자성록(自省錄)』, 17세의 소년왕 선조가 자신을 직접 수업을 듣는 것 같은 긴장감을 갖게 된다. 이런 연장선에서 타자에 대한 섬세한, 인격적인 배려도 생겨나온다.

ⓐ 선생은 사람을 대하고 사물을 접할 때의 행동과 언어에 각기 그에 따른 절도가 있었다. 만약 누가 묻지 않아야 할 것을 묻거나 말하지 않아야 할 말을 하면 반드시 정색하고 대답하지 않았다(金誠一)[43]

ⓑ 선생은 여러 사람들과 말할 때는 부드럽게 말하여 다투는 일이 없었으나 大夫[44]와 말할 때는 언제나 정색하고 끝까지 말하여 이치를 가리었다.(李國弼)[45]

성찰·연마하여 국정에 온전히 힘쓰도록 하기 위해 신유학의 도설, 이론을 모아 열 폭의 그림으로 편집한 『성학십도(聖學十圖)』는 모두 거울의 은유로 짜여 있다. 이들 주요 저작의 근저에는 퇴계 학문의 결정체라 할 수 있는 '경(敬)'의 심학적 수양 방법론이 놓여있다. 그래서 퇴계의 이러한 심학적 수양 방법론을, '경서(經書)·성현(聖賢)·리(理)'를 강조하고, 「리(理)와 하나 되는 '거울을 단 고요한 마음'의 지향」이라 표현하는 것도 가능할 것이다. 앞서서 인용한 『退溪雜詠』, 그리고 『陶山十二曲』은 '고인의 예던 길'·'성현의 말씀', 그리고 천지자연의 변화의 이치를 담은 성실한 '자연'을 자신의 거울로 삼아서 노래한 것이었고, 『자성록』은 '스스로를 돌이켜보기 위한 것'이고, 『古鏡重磨方』은 '성현이 남긴 잠언(箴言), 경계의 말씀(警句)을 거울로 삼아 자신을 반성하기 위한 것'이었고, 『도산잡영』은 퇴계마을에서 자신을 자연이라는 거울에 비추어보고 그 느낌을 읊은 것이었으며, 그의 만년의 사상을 함축한 편저 『성학십도』는 그것을 올리는 글(「進聖學十圖箚」) 속에서 밝히듯이 17세의 소년왕 선조가 '깊게 생각하고 익히며(思之習之), 참되게 실천하며(眞踐履之), 반성을 정밀하게 하며(省察者愈精愈密), 끊임없이 실천하는(反復終始)' 자료로 삼으라는 것이었다.(이에 대해서는, 최재목, 「退溪思想과 '거울'의 隱喩」, 『양명학』제24호, (한국양명학회, 2009.12)를 참고 바람).
43) 『퇴계선생언행록』권2, 「起居語默之節」, 85쪽.
44) 조선시대 관리들의 官階 중 특히 文散階(즉 문신들에게 주던 관계)에 붙여 부르던 명칭.
45) 『퇴계선생언행록』권2, 「起居語默之節」, 85쪽.

ⓒ 사람들과 하루 종일 이야기하면서도 열성적인 마음은 시간이 갈
수록 더욱 독실하였다. 서로 의견합치가 되지 못하는 것이 있어
도 얼굴색이 변하는 일이 없었다.
더구나 교만하거나 무시하는 마음은 있은 적이 없었다.(禹性
傳)[46]

ⓓ 남의 과실을 말하지 않았으나 혹시 들리는 것이 있으면 반드시
애석해하는 마음을 가졌으며, 당시 정치하는 일의 빠진 점이나
잘못된 점에 대하여 말하지 않았으나 혹시 들리는 것이 있으면
반드시 얼굴에 근심하는 빛을 하였다.(禹性傳)[47]

위의 여러 세부적인 예들(ⓐ-ⓓ)은 퇴계의 인격적 면모나 범상함을
잘 보여준다. 즉 퇴계는 당시 사람들에게, 단순히 학문적 선지자 혹은
오피니언리더로서만이 아닌 사회질서의 모범, 인격자로서 인정되어,
사회에 깊은 영향을 미치고 있었다. 현자의 모습을 넘어서 '聖者的' 면
모를 띠게 된다. 우선 퇴계의 인격이 발하는 修己的 면모이다.

선생이 말미를 받아 東湖에 있을 때, 林亨秀 등 여러 사람들은 매일
같이 놀이로 일삼았으나 선생은 책상을 마주하고 조용히 앉아서 조금
도 달라진 적이 없었다. 그러나 그렇다고 굳이 남다른 태를 내지 않았
고 또 저들도 감히 선생에게 장난을 걸지 못하였다.(禹性傳)[48]

---

46) 『퇴계선생언행록』권1, 「律身」, 87쪽.
47) 『퇴계선생언행록』권1, 「律身」, 85쪽.
48) 『퇴계선생언행록』권1, 「律身」, 87쪽.

선생은 젊을 때부터 남들의 존경을 받았다. 마을 전체의 儒生들이 山寺에 모였었는데, 다리를 뻗거나 드러눕거나 하다가 선생이 온다는 말을 듣고는 나이가 선생보다 많은 자들까지도 모두 자세를 가다듬고 선생을 기다렸으며, 선생 옆에서는 감히 떠들거나 장난을 치지 못하였다.(禹性傳)[49]

퇴계는 일부러 위엄, 엄격함을 만들거나 허세를 부린 것이 아니었다. 그 결정적인 예를 들어보면 아래와 같다. 여기에는 퇴계의 인격이 발하는 治人的 면모이다.

내(禹性傳)가 오랫동안 花山(=안동)에 있었는데, 그때 보니, 府中에 사는 사람들은 비록 비천한 자라도 반드시 '퇴계선생'이라 일컬으면서 마음으로 존경하고 받들고, 공경하여 우러러 사모하였다(欽仰). 시골 사람들은 비록 선생의 門下에 출입하는 자가 아니라도 역시 畏慕함(악행을 두려워하고 선행을 원함)을 알아서 감히 (행동거지를) 함부로 하지 아니하였다. 혹시 의롭지 않은 잘못을 저지르기라도 하면 퇴계선생이 알까봐 두려워하였다. 그분의 교화가 사람들에게 미침이 이와 같았다.(禹性傳)[50]

아무런 동요가 없는 퇴계의 모습은 평소의 起居에서 퇴계 자신이 생각하는 선비(士)의 기개를 느끼게 한다. 선비는 不動心의 소유자이며, 죽음에도 의연히 맞서는 당당함, 단호함을 지닌 인격체인 것이다.

---

49) 『퇴계선생언행록』권1, 「律身」, 87쪽.
50) 『퇴계선생언행록』권1, 「成德」, 44쪽.

퇴계 선생이 말하기를 "옛날의 선비들을 보면 그 곤궁함이 더욱 심해도 그 뜻이 더욱 세차고 그 절개는 더욱 기특하니, 만약에 한 가지 괴로움으로 흔들려서 갑자기 그 지키는 바를 잃는다면 선비라고 이를 수 없는 것이다."라고 하였다.[51]

다음의 인용은 곤경에 처했을 때 그것을 극복하는 퇴계의 리얼한 삶의 태도와 자세를 만날 수 있는 귀중한 기록이다.

무진년(1568) 7월 18일에 일찍이 출발하여 서울로 들어가는 길에 廣津[52]에 이르러서 마침 큰 비바람을 만났다. 파도가 용솟음쳐서 배가 거의 뒤집힐 지경이었으므로, 배 안의 사람들이 놀라서 어쩔 줄 몰라 하였으나, 선생은 神色이 아무런 동요가 없었다.(『퇴계선생언행록』)

이 예화는 종래 논의되어 온 영국인과 프랑스인의 기질의 차이를 느끼게 하는 듯하다.

---

51) 李祥鎬, 『東學』, 「嘉言下 · 敬身/心術之要」: 退溪先生曰, 觀古之士, 其窮愈甚, 其志益勵, 其節益奇, 若困一苦, 拂而遽喪其所守, 則不可謂之士矣.(李祥鎬, 『퇴계학과 실학을 계승한 청소년 인성교육서: 東學』, 신귀현 역, (서울: 에디터, 2011), 80쪽).
52) 광진(廣津)은 광나루라고도 하며 조선시대 한강변에 설치된 나루를 말한다. 현재의 서울특별시 광진구(廣津區)에 해당. 광진구 광장동과 강동구 천호동을 잇는 다리로 광진교가 있다. 처음에 양주군 고양주면 광진리였는데, 1914년 4월부터 고양군 독도면 광장리로 되었으며, 이후로 이 「광나루」가 있는 마을을 광장리로 고쳐 부르게 되었다. 팔당 · 덕소를 거쳐 흘러 내려오는 한강 물이 암사(바윗절)가 있던 남안 암벽에 부딪쳐 북쪽으로 휘어 흐르다가 다시 아차산의 남록 암벽에 부딪혀 흐르면서 강나루가 넓어지는 이 나루터가 광진(廣津)이다. 넓은 나루를 의미하기에 「광나루」라고도 부른다.

옛날에 영국인과 프랑스인을 실은 한 대의 대형 사륜 마차가 알프스 산맥을 통과하고 있었다. 그때 말이 너무 내달려서 마차가 다리 석조물에 걸려 비틀거렸고 자칫하면 계곡 아래로 떨어질 뻔 했다.

이때 프랑스인들은 비명을 지르고 난리법석이었다. 하지만 영국인들은 냉담하고 침착하게 앉아 있었다. 그러다가 여관 앞에 차를 세우고 말을 바꾸고 나서 사태는 진정되었다. 그러자 프랑스인들은 언제 그랬냐는 듯이 완전히 잊어버리고 즐거운 듯 잡담을 하기 시작하였다.

그런데, 상황은 반전되었다. 영국인들은 이때가 되어서야 비로소 그 위험을 깨닫기 시작했다. 심지어 한 영국인은 신경쇠약으로 드러누웠다. 그들은 본능적으로 마차 안에서 이리 몰리고 저리 몰리지 않고 침착하게 꾹 참고 있었던 것이다. 왜냐하면 그렇게 하면 마차가 더 뒤집혀질 것 같았기 때문이다. [53]

---

[53] E. M. Foster, Notes on the English Character, (Abinger Harvest, 1936), 6쪽: The Englishman appears to be cold and unemotional because he is really slow. When an event happens, he may understand it quickly enough with his mind, but he takes quite a while to feel it. Once upon a time a coach, containing some Englishman and some Frenchmen, was driving over the Alps. The horses ran away, and as they were dashing across a bridge the coach caught on the stonework, tottered, and nearly fell into the ravine below. The Frenchmen were frantic with terror: they screamed and gesticulated and flung themselves about, as Frenchmen would. The Englishmen sat quite calm. An hour later the coach drew up at an inn to change horses, and by that time the situations were exactly reversed. The Frenchmen had forgot all about the danger, and were chattering gaily; the Englishmen had just begun to feel it, and one had a nervous breakdown and was obliged to go to bed. We have here a clear physical difference between the two races a difference that goes deep into character. The Frenchmen responded at once; the Englishmen responded in time. They were slow and they were also practical. Their instinct forbade them to throw themselves about in the coach, because it was more likely to tip over if they did.

광진에서 다른 사람들과 함께 퇴계는 배를 탔고, 파도를 만나 그 배가 매우 심하게 흔들렸다. 이때 출렁이는 배 안에서 비명을 지르던 사람들과 덩달아 위기감에 흔들리는 모습을 퇴계는 보이지 않았다. 영국인처럼 「신경쇠약으로 드러누웠다」는 정황은 없다. 퇴계는 침착한 태도로 일관했다. 이것은 마치 앞서 예로 든 프랑스인과 영국인들의 이야기와 대비해볼 수 있다. 이렇게 초연한 그리고 비범한 모습에서 우리는 유교에서 지향한 궁극적 경지의 '爲聖(성인 되기)' 즉 超凡入聖의 단면을 읽어 낼 수 있다.

2. 退溪 肖像과 退溪像: 修己的 모습과 治人的 모습의 결합과 분화

위에서 살펴본 퇴계의 이미지는 조선시대, 그리고 그 이후 한국의 근현대기라는 굴곡의 역사를 거치면서 초상화에 반영이 된다.

현재 전하는 퇴계의 초상을 살펴보면, 조선시대에는 〈治人的(실천적, 외면적) 퇴계상〉과 〈修己的(궁리적, 내면적) 퇴계상〉의 결합되어 있었지만, 그것이 근대기에는 〈治人的〉[54]로, 다시 현대기에는 〈修己的〉[55]로 변환된다. 이러한 특징은 시대적 상황에 영향 받은 것으로 추론할 수 있다.

구체적인 것은 아래에서 살펴보기로 한다.

---

54) 이것은 理學 강조를 통해서 형성된 퇴계의 사회적 이미지와도 연관되는 것으로 추론해볼 수 있다.
55) 이것은 心學 강조를 통해서 형성된 퇴계의 사회적 이미지와도 연관되는 것으로 추론해볼 수 있다.

1) 〈治人的 퇴계상〉과 〈修己的 퇴계상〉의 결합: 원형적 이미지

[그림 2] 李元基 所藏「退溪先生眞影」(蕙山劉淑 臨摹)

최근 진성이씨대종회(http://www.jinseong.org/)의 宗報『悅話』제 20호(安東: 眞城李氏 大宗會, 2005)에는 진성 이씨 23세손인 李鍵煥 씨(67세, 미술 관련 일에 종사)가 李元基 所藏「退溪先生眞影」(蕙山 劉淑 臨摹)〉을 소개하고 해설을 한 바 있다. 즉

퇴계선생의 초상은 현재 1000원권 지폐에 올라있어 우리나라에서 가장 널리 알려진 초상화 가운데 하나이다. 이 작품은 이유태 화백이 그린 상상화로 많은 논란을 빚어왔다. 일제시대에도 선생의 초상은 제

작된 바 있다. 이 역시 상상화로서 자손 중의 한 사람인 모인의 얼굴이 저본이 되었다고 한다.

선생은 평소에 『털 하나라도 틀리면 나의 진면목이 아니다』라는 태종 이래의 말씀을 하신 바 있으며, 眞影은 남기지 않은 것으로 알려지고 있다.

선생의 용모를 짐작할 수 있는 기사로는 『退溪先生言行錄』「雜記」19則 제1에, 「先生, 額角豊廣, 松齋奇愛之, 常呼曰, 廣顙, 而不名焉」(李安道, 小名瑞鴻退溪先生言行錄) [선생은 이마가 모가 나고 풍부하게 넓어서, 송재(삼촌)께서는 이를 기이하게 여기고 사랑하여, 평상시에 부르시기를, 「廣顙(넓은 이마)」이라 하시고 이름을 부르지 아니 하셨다]라는 기사가 올라있다.

그런데 지난해 蕙山 劉淑이 臨模하였다고 명기된 「退溪先生眞影」이 발견되었다.

유숙은 마지막 御眞 화가로서, 吾園 張承業의 선생으로 알려진 사람이다. 지금까지는 시대적으로 가장 오래된 眞影이며, 그 기품은 奇高峰이 언급한 바와 같이 『先生氣稟穎悟, 天資篤實(선생은 기품이 영오하고 천자가 독실하였다)』라는 기사에 가장 근접하고 있다.

표준영정이 제도적으로 정착되지 않은 상황에서 필자가 보기에는 가장 逼眞(실물과 다름없을 정도로 몹시 비슷함: 인용자 주)한 影幀으로 여겨져 우리 씨족의 연간 회지에 소개하고자 한다.[56]

이 영정은 지금까지 공개된 적이 없는 자료로서, 소장자는 李元基 씨(82세)로 전《월간문화재》잡지사 사장이라 한다.

---

56) 李鍵煥, 『悅話』20호, (安東: 眞城李氏大宗會, 2005)

초상을 그린 劉淑(1827~1873)은 조선 말기의 화가로, 자는 善永 · 野君이며, 호는 蕙山이다. 조선시대에 국가에서 필요로 하는 그림을 그리던 관청인 圖畵署에 소속된 화가[畵員]였고, 吾園 張承業(1843~1897)의 스승으로 알려져 있다.

〈蕙山劉淑 臨模〉의 '臨模'란, 본을 두고 그것을 그대로 옮겨 그린 것을 말한다. 그렇다면 '蕙山劉淑 臨模'라 된 '退溪先生眞影'은, 이전부터 전해 오는 퇴계의 眞影(그 원본의 여하는 알 수 없지만)을 그대로 베낀 것으로, 퇴계가 세상을 떠난 지 300여년 뒤의 모작에 해당한다.

아울러 이 퇴계 초상화는 『退溪先生言行錄』「雜記」에 실린 퇴계의 손자 李安道(1541~1584)의 「선생은 이마가 각 지고, 도톰하고, 넓어서, 송재(=퇴계의 삼촌)께서는 이를 기특해 하여 사랑하시어, 평상시에 부르시기를, '廣顙'(넓은 이마)이라 하시고 이름을 부르지 아니 하셨다(先生, 額角豊廣 松齋奇愛之, 常呼曰, 廣顙, 而不名焉)(『퇴계선생언행록』)」는 기록에 가장 근접해 있다고 평가된다.

초상화에서 볼 수 있듯이, 이마가 각이 져서 반듯하고, 도톰하고, 넓다. 그리고 노년의 모습이라 얼굴에 주름이 져 있고, 수염이 길게 늘어져 있다. 하지만 眼光은 생생하게 살아 있으며 빛을 발하는 듯하다. 여기서 선비의 풍채와 위엄을 느낄 수가 있다. [57]

이 초상화는 현재 천원권 지폐에서 보여지는 병약함, 유순함, 노인-원로의 이미지와도 다르며, 아울러 일제강점기와 해방 이후 이승만 정권기에 나온 청년 혹은 무인적인 강인함의 이미지의 초상화와도 다

---

57) 최재목, 「退溪像의 변모」, 『退溪學報』130집, (퇴계학연구원, 2011.12.31), 210-212쪽 참조.

르다.

다시 말해서 엄정함과 위풍당당함, 건장함, 강인함, 그리고 내면적 깊이와 인격적 무게 등등 유교가 지향하는 修己治人의 양면성을 균형 있게 보여주는 초상이라 할 수 있다. 앞서 서술한 『언행록』의 내용(위의 〈(2) 居敬의 심화와 '聖者'적 면모: 修己와 治人의 두 길〉 참조)에 제시된, 治人的 면모(→'실천적, 외면적 면모')와 修己的 면모(→'성찰적, 내면적 면모')가 매우 잘 결합된, 이른바 원형적 이미지를 보여주고 있다. 이것은 아마도 퇴계에 대한 이미지(=像)의 원형이라 할 수 있다.

이러한 두 가지 이미지는 결국 근대 이후에 두 가지로 분화된다. 먼저, 퇴계를 국가의 질서 건립, 국가의 再建 · 復興, 자국에 대항하는 타자(외세와 이데올로기)에 대항하기 위한 목적으로 활용하고자 '실천적, 외면적 면모'를 부각하려 할 때는 강한, 엄정한, 청년적 이미지가 요구되었다. 이것은 외향적-치인적 이미지(대외용에 무게)라 규정할 수 있겠다. 다음으로, 퇴계를 국가 내의 지역적, 계층적, 정치적 분열을 지양하는 의미에서 화합과 超黨的 대동단결에 활용하고자 '성찰적, 내면적 면모'를 강조할 때에는 온화함, 유순함, 노인-원로의 이미지를 앞세우기 마련이다. 이것은 내향적-수기적 이미지(대내용에 무게)라 규정할 수 있겠다. 전자는 일제강점기 및 해방 직후 이승만 정권기(건국후의 남북한 대립기)의 퇴계 초상에 보인다. 후자는 남한 체제의 공고화 및 남한의 국론 분열과 당파적 대립을 배경으로 한 박정희 정권기의 퇴계 초상에서 보인다.

이들에 대해서 아래에서 구체적으로 살펴보기로 한다.

2) 근대기의 〈治人的-실천적 이미지〉에서 현대기의 〈修己的-성찰적 이미지〉로

일제강점기 및 해방 직후 이승만 정권기, 남한 체제의 공고화 및 남한의 국론 분열과 당파적 대립기에는 〈治人的-실천적 이미지〉의 퇴계 초상이 등장한다.

아래의 초상은 昭和9年(1934年) 9월 18일, 京城府의 朝鮮事情協會 出版部에 나온 『日本の敎育精神と李退溪 附李栗谷の擊蒙要訣と時事』[58]라는 책에 실린 퇴계 초상화[59]이다. 『日本の敎育精神と李退溪 附李栗谷の擊蒙要訣と時事』의 머리 부분에 실린 高田誠二의 쓴 「自序」(16쪽)에서, 「京城婦人科病院長工藤武城氏는 博學多趣味하여 李退溪에 대해서도 조예가 깊고, (中略) 특히 卷頭에 실은 여러 장의 사진은 대개 工藤氏가 소장한 것을 촬영한 것이다.」라고 말한 대로, 이것은 京城婦人科病院長이던 工藤武城가 소장하고 있는 많은 퇴계 관련 물품 가운데 하나였다.

아울러 위의 李元基 所藏 「退溪先生眞影」을 소개한 李鍵煥의 글 가운데서 「일제시대에도 선생의 초상은 제작된 바 있다. 이 역시 상상화로서 자손 중의 한 사람인 모인의 얼굴이 저본이 되었다고 한다.」라는 구절로 미루어 보아, 일제 강점기의 식민 · 교육정책의 일환으로 후손 중의 한 사람을 모델로 퇴계를 상상하여 그린 것으로 보인다.

---

58) 이 책의 표지에는, 朝鮮總督府學務局長 渡邊豐日子 閣下序, 京城婦人科病院長 工藤武城 先生 校閱幷序, 그리고 善隣商業學校 講師 高田誠二 · 朝鮮事情協會主幹 藤原一毅 共著로 되어 있다.

59) 아래의 내용은 논지 전개를 위해서 최재목, 「退溪의 肖像畵에 대하여」, 『退溪學論集』2호(대구: 영남퇴계학연구원, 2008.6)를 간추려서 인용하였음을 밝혀둔다.

이 초상에서는 노인의 이미지가 약간 보이나 역시 강인한, 강건한, 진취적인 모습이 역력하다. 온화한 모습이라기 보다는 무인(무사)적 이미지를 드러낸다. 아마도 일제 강점기, 더욱이 1930년대의 식민지 조선은 內鮮一體의 강화, 황국신민화 정책의 노골화에 따라, 조선 내의 위인을 활용할 필요성이 있었으며 그런 전략에 퇴계가 필요했던 것이다.

李退溪先生之肖像

[그림 3] 京城婦人科病院長 工藤武城 所藏 退溪肖像

아래의 초상은 '1949년(단기4282년) 10월 30일', 서울의 '大韓印刷

公祉'에서 제작한 '五千年間創業王帝王偉人義士' 중 〈李滉(退溪)文純
公明宗時學者〉像이다. 이것은 최근 권오영교수(한국학 중앙연구원)
를 통해 입수한 것이다. '創業' '偉人' '義士'라는 개념 구사에서 알 수
있듯이 건국 이후 이승만정권기의 한국은 역시 강인한, 강건한, 진취
적인 모습을 전면에 내세워 국민교육에 위인을 활용할 필요가 있었
다. 해방 이후 건국 시기의 퇴계에 대한 이미지를 잘 드러낸 초상이라
생각한다.

　아울러 이 초상은 아마도 위의 〈그림3: 京城婦人科病院長 工藤武城
所藏 退溪肖像〉을 재현한 것으로 보인다.

[그림 4] 五千年間創業王帝王偉人義士 중의 〈李滉(退溪)文純公明宗時學者〉像

　이상의 두 점(그림3과 그림4)은 치인적, 실천적 이미지의 퇴계상이
다.
　그런데 아래의 초상은 국민 내 대통합, 당파 초월, 지역 간 화해 차
원에서 요구된 노인-원로적 풍모의 내면적, 성찰적 퇴계상이다. 이 초
상은 박정희 정권기 즉 70년대 창출된, 한국화가 玄艸 李惟台(1916-
1999) 화백이 그린 표준 영정이다. 우리가 상용하는 천원권 지폐에 들
어 있는 것이다. 파리한 얼굴, 병약한 모습은 위에서 본 강인한, 강건
한, 진취적인 모습은 소거되고 있다.

[그림 5] 李惟台 화백의 「退溪 李滉先生 影幀」

Ⅲ. 結語

　지금까지 필자는 현존하는 퇴계의 네 점의 초상화를 통해서 두 가지 형태의 퇴계상의 원형과 탄생, 그리고 그 흐름을 살펴보았다.

　퇴계는 『퇴계선생언행록』에서 보듯이 이미 생존 당시부터 이른바 '성자적' 흔적을 갖고 있다. 다시 말해서 그의 초연한, 비범한 일상적 모습에서 우리는 유교에서 지향한 궁극적 경지의 '爲聖(성인 되기)' 즉 超凡入聖의 단면을 읽어 낼 수 있었다. 그 근저에는 居敬과 窮理의 균형을 읽을 수 있는데, 그것은 앞서 기술한 그의 투호놀이와 혼천의 관찰을 동시 강조한 데서 찾을 수 있었다.

　한편 그는 居敬과 窮理의 균형을 넘어서서 居敬을 더욱 심화시켜간다. 『언행록』에서 보듯이 퇴계의 일상적 행위와 처신은 비범했다. 그것은 기본적으로 그의 선천적인 성품이 반성적 · 성찰적인 기질에 기인한 점도 있겠으나, 그가 일생 독실하고 깊이 있게 추구했던 유학의 도덕적 원리들을 그 나름으로 매뉴얼화하고 이를 실천적으로 내면화 · 신체화한 것이라 하겠다.

　이러한 퇴계의 인간적, 인격적 이미지는 조선시대, 그리고 그 이후 한국의 근현대기라는 굴곡의 역사를 거치면서 초상화에 반영이 된다. 다시 말해서 현재 전하는 퇴계의 초상 네 점 즉 조선시대 1점, 일제강점기 1점, 해방 이후-현대 2점을 통해서 살펴볼 수 있었다.

　다시 말해서 가장 이른 시기에 만들어진 것으로 보이는, 조선시대의 퇴계 초상은 현재 천원권 지폐에서 보이는 병약함, 유순함, 노인-원로의 이미지와도 다르며, 아울러 일제강점기와 해방 이후 이승만 정권기에 나온 청년 혹은 무인적인 강인함의 이미지의 초상화와도 다르다. 다시 말해서 엄정함과 위풍당당함, 건장함, 강인함, 그리고 내면적 깊이와 인격적 무게 등등 유교가 지향하는 修己治人의 양면성을 균형 있게 보여주는 초상이라 할 수 있다.

이것은 『언행록』에 제시된, 治人的 면모(→'실천적, 외향적 면모')와 修己的 면모(→'성찰적, 내면적 면모')가 매우 잘 결합된 이미지를 보여주고 있다.

이러한 퇴계의 원형적 두 이미지는 근대 이후에 두 가지로 분화된다. 우선, 퇴계를 국가의 질서 건립, 국가의 再建·復興, 자국에 대항하는 타자(외세와 이데올로기)에 대항하기 위한 목적으로 활용하고자 '실천적, 외향적 면모'를 부각하려 할 때는 강한, 엄정한, 청년적 이미지가 요구되었다. 이것은 외향적-치인적 이미지(대외용에 무게)로서, 일제강점기 및 해방 직후 이승만 정권기(건국후의 남북한 대립기)의 퇴계 초상에서 읽어낼 수 있는 것이다.

다음, 퇴계를 국가 내의 지역적, 계층적, 정치적 분열을 지양하는 의미에서 화합과 超黨的 대동단결에 활용하고자 '성찰적, 내면적 면모'를 강조할 때에는 온화함, 유순함, 노인-원로의 이미지를 앞세우기 마련이다. 이것은 내향적-수기적 이미지(대내용에 무게)로서, 남한 체제의 공고화 및 남한의 국론 분열과 당파적 대립을 배경으로 한 박정희 정권기의 퇴계 초상에서 읽어낼 수 있는 것이다.

이와 같이 퇴계는 여러 시대에 걸쳐 다양하게 읽히고 이해되어 왔다. 따라서 고정된 퇴계가 아니라 현재, 우리가 요구하는 방식으로 퇴계는 존재해왔고, 또 존재할 것으로 이해된다. 텍스트 속에 고정된 퇴계는 없으며, 우리가 만들어가는 이미지(像)에 의해 퇴계는 새롭게 재현되는 것이다.

/ **4** /

퇴계의 '초연함'에 대한
인문적 성찰

Ⅰ. 머리말

퇴계(退溪) 이황(李滉. 1501-1570)(이하 퇴계)이 중국적인 철학사상을 문자를 통해서 번역·번안해내는 작업은 그야말로 이질적=생소한=낯선=먼 것들을 조선이라는 시공간 속으로 가져와 활동할 '거처'를 마련해 주는 일이었다. 그것은 궁극적으로 문자와 번역의 문제이다.[1] 예컨대 퇴계가 각별히 관심을 가졌던 『심경부주(心經附註)[2]라는 텍스트는 - 정확한 시기는 모르지만 조선에 전래되어 중종18년(1523) 이전에 이미 광주(光州)에서 간행되었다. 퇴계는 성균관에 유학할 때 여관에서 처음 『심경부주』를 구해서 읽었다(23세, 1523). 그

---

1) 이런 논의는 앙트완 베르만, 『번역과 문자: 먼 것의 거처』, 윤성우·이향 옮김, (철학과 현실사, 2011)을 참조할 것.
2) 송대의 서산(西山) 진덕수(眞德秀. 1178-1235)가 편찬한 『심경(心經)』에다 명대의 정민정(程敏政)이 부주(附註)하여 간행한 것이다.

런데 문제는 그 주(註)가 모두 정주(程朱)의 어록(語錄)에서 발췌한 문장들이라 구절조차 떼어 읽기 어려웠지만 수개월 해독하기 위해 노력한 뒤 충분히 이해할 수 있었다고 한다. 마침내 『심경부주』는 퇴계에게 신명(神明)이나 엄부(嚴父)같이 존경할 대상이 되었다. 이국의 낯설고 '먼 것' 조선이라는 '에토스 · 마인드' 속에 거처를 정하게 된 것이다.[3] 『심경부주』와 같이 '먼 것(문자)'들이 퇴계에 와서 조선적인 것으로 이해되고 안착하기까지는 참으로 힘든 여정이 있었다.

이러한 문제는 퇴계가 나 자신의 사유구조 속으로 와서 안착하는 것과 동일하다. 발테 벤야민은 "위대한 작가들에게 있어 완성된 작품은 평생 작업해오고 있는 단장(斷章)들보다는 덜 무게를 지닌다"[4]고 하였다. 말하자면 한 사상가의 논리적 · 체계적 저작에서보다도 단편적인 아포리즘(언설, 낙서, 그림을 포함) 속에 더 진정한 것이 담겨 있다는 말이다. 퇴계의 철학사상 또한, 오랜 시간과 달라진 공간을 건너오면서 '휙 지나간 버린' 진실-진정성은, 어쩌면 그의 삶과 풍광을 담은 '언행록' 속에 녹아 있을지도 모른다. 퇴계의 철학사상이 직접 말해주지 않는 중요한 것 중의 하나는 그의 사람됨-인격에 대한 것이다. 문자 속에는 그 사람의 목소리도, 표정도 없다. 그것은 하나의 형식이며 그 내용은 빠져나가고 말았다. 그러면 그 목소리를 어떻게 들을 것이며, 표정을 어떻게 읽어낼 것인가? 사라진 목소리와 표정을 찾아내

---

3) 이 부분은 다음을 참고하였다.
  최재목, 「李退溪의 陽明學觀에 대하여 - 退溪의 독자적 心學 형성 과정에 대한 一試論 -」, 『퇴계학보』제113집, (퇴계학연구원, 2003.6), 20-21쪽.
  최재목, 「韓國思想의 低流와 退溪學- 朝鮮 儒教의 〈사상 '신체-얼굴'〉 試論 -」, 『한국학논집』 56집, (계명대학교 한국학연구원, 2014.9), 91쪽.
4) 발터 벤야민, 「표준시계」, 『일방통행로』, 조형준 옮김, (새물결, 2015), 21쪽.

는 일은 문자를 지성-감성-영성을 통해서 번역해내는 일이다.

　많은 것 중에서 이 논문에서는, 저자가 일찍부터 관심이 있어온, 퇴계의 초연함에 대한 것이다.[5] 퇴계의 언행을 제자들이 기록한『퇴계선생언행록(退溪先生言行錄)』[6](이하『언행록』)을 보면, 퇴계의 일상 생활에서 체화된 '초연함'을 발견할 수 있다.『언행록』을 읽으면 이론-지식-논리보다도 말씀-태도-인격을 통한 '살아 있는 퇴계'를 만날 수 있다.[7] 특히『언행록』에서 눈여겨 볼 대목은 〈권1〉의 '마음을 보존하고 성찰함(存省)', '경을 지니는 공부를 논함(論持敬)', '덕을 이룸(成德)', '사람을 가르치는 일(教人)' 등, 〈권2〉의 '학문을 강론하고 변석함(講辨)', '자질과 품성(資品)', '일상생활의 절도(起居語默之節)', '몸가짐(律身)', '가거(家居)', '향리의 생활(鄉處)' 등, 〈권3〉의 '대인관계(交際)', '음식과 의복의 절도(飲食衣服之節)', '벼슬살이와 물러남(出處)' 등이다.

　이렇게 실제 생활에서 파악할 수 있는 초연함은 그가 중점을 둔 '경(敬)'과 연관되어 있으며, 또한 이 경은 맹자의 부동심(不動心)이라는 인생 경계(境界)와 연결돼 있음을 알 수 있다. 맹자의 부동심은 맹자가 말하는 '호연지기(浩然之氣)'·'용기(勇氣)' 같은 덕목들과 직결

5) 이에 대해서는 최재목,「退溪像의 두(修己的-治人的) 系譜 탄생에 대한 고찰- 退溪像의 원형과 분화에 대한 試論 -」,『유학연구』27집, (충남대학교 유학연구소, 2012.12); 최재목,「퇴계상의 변모」,『퇴계학보』130집, (퇴계학연구원, 2011.12)을 참조.

6) 이황,『퇴계선생언행록』, 홍승균·이윤희 공역/이원강교열, (퇴계학연구원, 2007). 다만 번역은 필자가 원문과 대조하며 수정한 곳이 많다. 아울러 중요하다고 판단되는 곳에는 '한글 번역(한자)' 식으로 밝혀두었다.

7) 이에 대한 일부는 최재목,「『전습록』과『퇴계선생언행록』의 언행 비교로 본 양명과 퇴계의 사상적 동이점」,『퇴계학논집』5집, (영남퇴계학연구원, 2009.12)을 참조.

되어 있다. 퇴계의 경이 맹자의 부동심과 연결되어 있다는 점은『언행
록』을 통해서 확인할 수 있는 매우 흥미로운 대목이다. 종래 퇴계 연
구에서는 퇴계의 '경(敬)'에 관심이 있으면서도 이 문제에 대해서 그
다지 주목하지 않았다. 따라서 이 논문에서는 퇴계의 '초연함'의 맥락
을 살피면서 그 인문적 의미와 의의를 고찰하고자 한다.

  사전에서는 초연함을 '어떤 현실 속에서 벗어나 그 현실에 아랑곳
하지 않고 의젓한 것'이라고 설명한다. 초연함은 우리 전통 문화에도
깊이 스며들어 있다. '선비는 얼어 죽어도 곁불(남 옆에 붙어 얻어 쬐
는 불)을 쬐지 않는다'는 지조가 그것이다.[8] 아울러 경주 최부자 가문
의 교훈 육연(六然)에서 볼 수 있는데, 육연은 「①자처초연(自處超然
: 스스로 초연하게 지낸다) ②대인애연(大人靄然 : 남에게 온화하게
대한다) ③무사징연(無事澄然 : 일이 없을 때 마음을 맑게 가진다) ④
유사감연(有事敢然 : 일을 당해서는 용감하게 대처한다) ⑤득의담연
(得意淡然 : 성공했을 때는 담담하게 행동한다) ⑥실의태연(失意泰然
: 실패했을 때는 태연히 행동한다)」이다. 이 가운데, '①자처초연, ⑥실
의태연'이 바로 초연함에 속한다고 하겠다. 한국 나아가서 동양에 있
어온 이 정신은 한 마디로 '도학(道學)'이었다. 〈자연-존재의 도학〉은
도가(道家) 쪽이, 〈인륜-당위의 도학〉은 유가(儒家) 쪽이 추구해왔다.
선비의 도학은 당연히 후자에 속한다.

---

8) 마찬가지로 진(晉)나라의 육기(陸機. 260-303)가 쓴 「맹호행(猛虎行: 사나운 호랑
   이 같은 몸가짐)」이라는 시의 첫 구절 즉 "갈불음도천수, 열불식악목음(渴不飮盜
   泉水, 熱不息惡木陰: 갈증이 나도 도천(공자가 마시려 하지 않았다는 도둑이란 이
   름 붙인 샘)의 물은 마시지 않고, 더위도 악목(나쁜 나무)의 그늘에서는 쉬지 않는
   다.)"는 것도 군자의 몸가짐을 말한다.

이런 유사한 종류의 태도는 철학자 제논이 만든 스토아($\sigma\tau o$?)[9]학파의 '부동심(不動心)'='아파테이아(apatheia)'에서도 발견된다. 그리스 로마의 스토아학파는 '자연의 질서에 따라, 자연에 맞게, 우주 속에서 조화·일치를 찾는' '금욕적-로고스적-공동체에 대한 봉사와 의무적' 태도를 취한다. 그러므로 '세계는 원자들의 우연한 결합'으로 생각한 유물주의자들인 에피쿠로스(Έπίκουρος) 학파들이 갖던 '철저한 개인적 자유-쾌락주의-무정부주의적인 태도'와는 상반된다.[10] 스토아학파의 금욕주의적인 관점은 로마에서 노예로 살면서 철학을 한 에픽테토스(Epicetos, Epictetus. 55?-135?)의 『엥케이리디온(Encheiridion)』[11]에, 그리고 로마의 황제였던 마르쿠스 아우렐리우스(Marcus Aurelius Antoninus, 121-180)의 『명상록(Τὰ εἰς ἑαυτόν)』[12]에 대표적으로 잘 드러나 있다. 말하자면 이들은 모두 서양의 도학자들이다. 그들은 〈자연-존재의 도학〉에 가깝다고 할 수 있으나 '공동체에 대한 봉사와 의무'라는 면을 갖기에 〈인륜-당위의 도학〉을 동시에 보여준다고 하겠다.

『퇴계선생언행록』을 초연함이라는 관점에서 읽어보면 눈에 띄는 구절들이 많다, 이 논문에서는 주요 구절들을 중심으로, 논의를 진행

---

9) 스토아란 전방을 기둥으로 후방을 벽으로 둘러싼 고대 그리스 여러 도시의 공공건축인 주랑(柱廊. 스토아)을 의미한다. 학파의 창시자 제논이 아테네의 한 '주랑'에서 강의를 한 데서 연유한다.

10) 마르쿠스 아우렐리우스, 『명상록』, 천병희 옮김, (도서출판 숲, 2012), '옮긴이 서문'(13-15쪽) 참조.

11) 엥케이리디온은 '손 안의 작은 것'이라는 뜻인데, 에픽테토스의 제자인 아리아노스가 직접 스승 에픽테토스의 『담화록』에서 가려 뽑은 철학적 원리들·도덕적 규칙들 선집(選集)이다.

12) 원 제목인 '타 에이스 헤아우톤'은 '자신에게 이야기한 일'이란 뜻이다.

하면서, 그 인문적인 의미를 규명해볼 것이다.

초연함은 밖을 향한 '관찰·관조' 즉 테오리아(theoria)라는 '넓이 지향'과 달리 내면의 수직적 '깊이 지향'를 알려주는 것이다. 테오리아는 원래 인간의 영혼이 모든 편견을 없앤 순수한 상태에서 대상을 있는 그대로 바라보는 관조 정신을 가리키기 위해 피타고라스가 사용한 용어이다. 이후에 관찰·연구나 이론(theory)이라는 뜻을 지니게 되었다(theoria→theory). 보통 동양의 두 전통에서 '물'이 '지자(知者)'를, '산'이 '인자(仁者)'를 상징하는데, 전자는 수평적 넓이 지향을, 후자는 수직적 깊이 지향을 보여준다. 초연함은 당연히 후자 쪽에 서 있다.

이 글에서는 먼저, 〈퇴계, '바로 그분'='소상' 같이 '엄숙한' 존재〉를, 이어서 〈초연함의 탄생 – 부동심과 경(敬), 스스로를 위한 '판옵티콘' –〉을 논의하면서, 퇴계의 '초연함에 대해서 인문적으로 성찰해보고자 한다.

Ⅱ. 퇴계, '바로 그분'='소상' 같이 '엄숙한' 존재

예전에 안동 지역에서는 보통 '선생'하면 누구나 이야기 하지 않아도 '퇴계'를 가리켰다고 한다. 마치 고대 인도에서 '붓다'(Buddha, 눈 뜬 자=覺者)가 아라한의 경지에 오른 사람 누구나를 일컫는 일반 명사였으나 고오타마 싯달타가 깨닫고 난 뒤 그를 전칭(專稱)하는 고유명사로 쓰이게 되었듯이 말이다. 안동에서 '선생'은 '바로 그 어른(분)'='퇴계'였다. 보통사람들의 '본'이었다. 안동에서 '선생'='퇴계'라

고 통용되던 것은 '덕(德)-사람됨-인격'이 지배하던 역사적 콘텍스트
가 사라져 버리자 자연히 '바로 그 어른'도 잃어버리고 말았다. 이것은
퇴계 뿐만이 아니라 동서양 사회를 막론하고 근대 이후 겪는 보편적
현상이다. 덕보다는 규범이 우선이고, 덕 있는 자의 흠모나 스토리텔
링보다는 법의 판단-심판이 먼저가 되었다.[13]

 책 가운데서도 '그 책'='바이블'이 있듯이, 사람 가운데서도 '아! 그
사람'이 있는 법이다. 예컨대 바이블(bible)이 고대 그리스어 '토 비블
리온'(τό βιβλίον→그 책)에서 왔고[14] 이슬람의 성전 꾸란(quran)/꾸
르안(qurān)[15]이 종종 아라비아어의 '그 책'을 뜻하는 알 키타프(al-
Kitab)로 불렸으며, 중국에서는 '아! 그 책'하는 것이『서(書)』(=『書經』
=『尙書』)였던 것처럼 말이다. 말씀(언어)이 아니라 사람됨(인격-덕)
이 우선이던 시대에는, '소상' 같은 '묵묵한' 침묵의 존재, '엄격'한 위
상으로서 그분이 계셨다.

 퇴계에게서 먼저 읽어낼 수 있는 것은 '위엄-엄격함'의 이미지, 아
우라이다. 그것은 당시 일반적으로 통용되던 권위였다.

 선생은 젊을 때부터 남들의 존경을 받았다. 마을 전체의 유생(儒生)
 들이 산사(山寺)에 모였었는데, 다리를 뻗거나 드러눕거나 하다가 선
 생이 온다는 말을 듣고는 나이가 선생보다 많은 자들까지도 모두 자세

---

13) 이러한 논의는 알래스데어 매킨타이어,『덕의 상실』, 이진우 옮김, (문예출판사,
  1997) 참조.
14) 책을 의미하던 그리스어 비브로스(biblos)는, 거슬러 오르면 고대 이집트의 파피
  루스(papyrus)에 가 닿는다. Papyrus는 영어 페이퍼(paper, 紙)의 기원이 되었다.
15) 꾸란/꾸르안은 영어로 Koran. '읽기'-'읽혀야 할 것'. 예언자 무함마드가 610년 이
  후 23년간 알라(=신)에게 받은 계시를 기록한 양피지를 집대성한 책이다.

를 가다듬고 선생을 기다렸으며, 선생 옆에서는 감히 떠들거나 장난을 치지 못하였다. - 우성전(禹性傳)[16]

　내[우성전(禹性傳)]가 오랫동안 안동[花山]에 있었는데, 그때 보니, 그곳에 사는 사람들은 비록 비천한 자라도 반드시 '퇴계선생'을 일컬으면서 마음으로 존경하고 받들고, 공경하여 우러러 사모하였다. 시골 사람들은 비록 선생의 문하(門下)에 출입하는 자가 아니라도 역시 (악행을) 두려워하고 (선행을) 원하면서 감히 (행동거지를) 함부로 하지 아니하였다. 혹시 잘못을 저지르기라도 하면 퇴계선생이 알까봐 두려워하였다. 그분의 교화가 사람들에게 미침이 이와 같았다. - 우성전(禹性傳)[17]

　인용문에서 보듯이 당시에는 문하생은 물론 일반사람들조차 퇴계 앞에서는 함부로 행동거지를 할 수 없을 위엄 있는 아우라를 가졌음을 느낄 수 있다.『언행록』을 읽다 보면, '바로 그분'='퇴계'는 늘 '묵묵히' '소상(塑像)'처럼 그 자리에 꼿꼿이 엄숙하게 앉아 있었다는 구체적인 대목들을 자주 만난다.

　평소에 날이 밝기 전에 일어나서 조용히 방안에 앉아 마음을 추슬러서 궁구하고 사색하는 것이 마치 진흙소조(泥塑)와 같았다. (下略)
　　　　　　　　　　　　　　　　　　　　　　　　- 우성전(禹性傳)[18]

---

16) 「몸가짐(律身)」,『언행록』권2, 87쪽.
17) 「덕을 이룸(成德)」,『언행록』권1, 444-445쪽.
18) 「일상생활의 절도(起居語默之節)」,『언행록』권2, 83쪽.

(前略) 몸은 옷을 이기지 못하는 듯하였으나, 일을 처리함에는 근골이 꼿꼿하여(筋骨硬直) 굽히거나 꾸부정함(回撓)이 없었다.

- 우성전(禹性傳)[19]

선생은 따뜻하여 공손하며 자상하고 조용하여 성난 모습이나 거친 자세를 하는 일이 없었다. 멀리서 바라보면 엄숙하여(嚴然) 그 풍도를 존경할 만 하였고, 가까이 대하면 따뜻하여(溫然) 사랑할만한 너그러운 덕성(容德)이 있었다.

- 김성일(金誠一)[20]

정중하기는 산악과 같았고, 깊고 고요하기는 연천(淵泉)과 같아서, 바라보면 곧 덕성을 이룬 군자임(成德君子)을 알 수 있었다.

- 김성일(金誠一)[21]

선생은 앉을 때는 반드시 단정하고 엄격하였으며(端嚴) 손발을 움직이지 않았다. 여러 학생들과 상대할 때에 마치 존귀한 손님이 좌석에 있는 것 같이 하였다. 모시고 앉았을 때에는 감히 우러러 쳐다볼 수가 없었으나 앞에 나아가 가르침을 받을 때는 화기(和氣)가 훈훈하고 강의가 다정하고 친절하여 처음부터 끝까지 환히 통달해서 의심나거나 불분명한 것이 없었다.

- 정사성(鄭士誠)[22]

---

19) 「일상생활의 절도(起居語默之節)」,『언행록』권2, 86쪽.
20) 「자질과 품성(資品)」,『언행록』권2, 82쪽.
21) 「자질과 품성(資品)」,『언행록』권2, 82쪽.
22) 「일상생활의 절도(起居語默之節)」,『언행록』권2, 84쪽.

선생은 한가히 계실 때(燕居)에, 종일 단정히 앉아서(端坐), 비록 피곤하여도 기대거나 자세를 흩트리는 일이 없었다. (하략)

– 이덕홍(李德弘)[23]

이런 일상적인 태도는 평소에 체화되어 자연스럽게 일관되게 나타난 것이었다. 이 모습은 최근 공개된 퇴계의 초상의 이미지와 잘 오버랩 되는 듯하다.[24]

---

23) 「일상생활의 절도(起居語默之節)」, 『언행록』권2, 83쪽.
24) 최근 진성이씨대종회(http://www.jinseong.org/)의 宗報인 『悅話』제20호(安東: 眞城李氏 大宗會, 2005)에는 다음과 같이 퇴계의 영정과 그 소개 글을 싣고 있다. 이 초상의 〈소개 글〉은 이렇다; 「퇴계선생의 초상은 현재 1000원권 지폐에 올라있어 우리나라에서 가장 널리 알려진 초상화 가운데 하나이다. 이 작품은 이유태 화백이 그린 상상화로 많은 논란을 빚어왔다. 일제시대에도 선생의 초상은 제작된 바 있다. 이 역시 상상화로서 자손 중의 한 사람인 모인의 얼굴이 저본이 되었다고 한다. 선생은 평소에 『털 하나라도 틀리면 나의 진면목이 아니다』라는 태종 이래의 말씀을 하신 바 있으며, 眞影은 남기지 않은 것으로 알려지고 있다.　선생의 용모를 짐작할 수 있는 기사로는 『退溪先生言行錄』19則 제1에, 「先生, 額角豊廣, 松齋奇愛之, 常呼曰, 廣顙, 而不名焉」(李安道, 小名瑞鴻退溪先生言行錄) [선생은 이마가 모가 나고 풍부하게 넓어서, 송재(삼촌)께서는 이를 기이하게 여기고 사랑하여, 평상시에 부르시기를, 「廣顙(넓은 이마)」이라 하시고 이름을 부르지 아니 하셨다] 라는 기사가 올라있다. 그런데 지난해 蕙山 劉淑이 臨模하였다고 명기된 「退溪先生眞影」이 발견되었다. 유숙은 마지막 御眞 화가로서, 吾園 張承業의 선생으로 알려진 사람이다. 지금까지는 시대적으로 가장 오래된 眞影이며, 그 기품은 奇高峰이 언급한 바와 같이 『先生氣稟穎悟, 天資篤實(선생은 기품이 영오하고 천자가 독실하였다)』라는 기사에 가장 근접하고 있다. 표준영정이 제도적으로 정착되지 않은 상황에서 필자가 보기에는 가장 逼眞(실물과 다름없을 정도로 몹시 비슷함: 인용자 주)한 影幀으로 여겨져 우리 씨족의 연간 회지에 소개하고자 한다.」(李鍵煥, 「퇴계의 영정 소개 글」, 『悅話』20호, (安東: 眞城李氏大宗會, 2005)

[그림1] 李元基 所藏「退溪先生眞影」(蕙山劉淑 臨模)〉

초상화에 대한 이야기가 나온 김에 한 가지 더 짚고 넘어갈 것이 있다. 퇴계의 초상에 나오는 복장, 구체적으로 '복건→정자관' 교체 건에 대해서이다.

일찍이 퇴계의 손자 이안도(李安道. 1541-1584)가 다음과 같이 기록하였다.

선생은, 이마가 각 지고, 도톰하고, 넓었다. 송재(=퇴계의 삼촌)께서는 이를 기특해 하며 사랑하시어, 평상시에 '광상(廣顙. 넓은 이마)'이라 부르시되, 이름을 부르지 아니 하셨다.

- 이안도(李安道)[25]

기록처럼 이마가 각지고, 넓은 것을 알 수 있다. 이어서 한 가지 더 살펴보아야 할 대목이 있는데, 제자 이덕홍(李德弘)과 김성일(金誠一)의 퇴계의 복장에 대한 기록 건이다.

　　김취려(金就礪)가 복건(幅巾)과 심의(深衣)를 만들어 보냈다. 선생이 말씀하시기를, "복건은 승건과 닮아서(似僧巾) 쓰는 것이 좋지 온당치 않을 것 같다(似未穩)"하고서, 심의를 입고 정자관(程子冠)을 썼다. 만년에 서재에 기거할(齋居) 때에도 이렇게 했는데, 손님이 오면 평상복으로 갈아입었다.

- 김성일(金誠一)[26]

　　정오년(1570) 9월에 선생이 도산(陶山)에서 계당(溪堂)으로 돌아가려고 할 때에 정자관을 쓰고 심의를 입고 몸소 사립문을 열고 들어서서 덕홍을 불러 말씀 하시기를 "오늘 고인(古人)의 의관을 한번 시험하여 보고자 한다."고 하였다.

- 이덕홍(李德弘)[27]

이덕홍과 김성일의 두 기록에 따르면 초상에서 보는 '복건+심의' 세

---

25) 「그 밖의 여러 가지 기록(雜記)」, 『언행록』권5, 253쪽: "先生, 額角豊廣 松齋奇愛之, 常呼曰, 廣顙, 而不名焉."
26) 「음식과 의복의 절도(飮食衣服之節)」, 『언행록』권3, 127-8쪽.
27) 「음식과 의복의 절도(飮食衣服之節)」, 『언행록』권3, 128쪽.

트는 '정자관+심의' 세트로 변화되어야 마땅하다. 아마도 이것은 퇴계가 '복건+심의'라는 유자들의 전통 관례 가운데 '복건'만은 '승건(僧巾)' 즉 '승려가 쓰는 두건(頭巾)과 닮았다'라는 이유로 '쓰는 것이 좋지 온당치 않을 것 같다(似未穩)'고 하고 있다.

신윤복(申潤福)의 아래 그림 「노상탁발(路上托鉢)」[28]을 보면(좌측 위 첫 번째) 이 당시 승려들이 일상적으로 머리에 승건(僧巾)이나 갓(좌측 위 두 번째)을 썼음을 보여 준다.

 →

[그림 2] 申潤福의 「路上托鉢」 그림(간송미술관 소장)〉

퇴계가 '복건'을 '정자관'으로 바꾼 것은, 이덕홍에게 "오늘 고인(古人)의 의관을 한번 시험하여 보고자 한다."에서처럼, 고대 이래의 유교적 관례로서 볼 수도 있지만 그보다도 퇴계의 배불(排佛)=불교 콤플렉스에 기인한, 일종의 '의도를 가진 해석'에 따른 것이라 보는 것이 좋을 것 같다. 따라서 퇴계의 호불호와 달리 퇴계의 초상화에 보이는 복건은 유학자들의 일반적인 '복건+심의' 세트 '관례'를 모본으로 하

---

28) 국보 135호로 지정된 간송미술관 소장 『신윤복 필 풍속도 화첩』 가운데 하나.

여 그린 것이라 하겠다.[29] 어쨌든 퇴계의 '복건→정자관' 교체 건은 그
가 일상생활에서도 이학(異學)에 얼마나 예민했고 또한 엄격했던가
를 잘 보여주는 대목이라 할 수 있다.

---

29) 즉 심의와 복건은 유복(儒服)의 하나로서 유교의 의례(儀禮)를 구성하는 중요한
요소이다. 심의는 고대 중국에서 천자나 제후에게는 평복이었으나 사대부에게는
조복 · 제복 다음 가는 상복이었고, 서인에게는 길복이었다. 심의는 주자학과 함께
송(宋)에서 전래되어 유학자들의 관례복과 법복으로 착용된다. 덕망 높은 선비의
웃옷이며, 백색 천으로 만들고 옷 가장자리에 검정비단으로 선을 둘렀다.유교 중
심이었던 조선왕조에서 사대부의 연거복으로 유학자들의 중시하였으며 조선시대
의 많은 유학자들이 심의를 착용한 초상화가 남아 있다. 머리에는 주로 복건을 쓴
다. 사대부가 아니면 입지 못하고, 현재도 집안에 따라 제복이나 수의로 사용한다.
조선시대의 유학자 한백겸(韓百謙) 유형원(柳馨遠) 등이 그들의 문집이나 가례
(家禮)에 심의제도에 대하여 서술한 것이 남아 있다(국사편찬위원회 편,『옷차림
과 치장의 변화』, (두산동아, 2006), 52쪽, 柳喜卿,『韓國服飾史硏究』, (이화여자대
학교출판부, 1977), 379쪽 참조). 그리고 복건(幅巾. 幞巾이라고도 함)은, 유생인
생원(生員) · 학사(學士) · 사인(士人)들이 착용하는 유건(儒巾) 가운데 하나로,
중국 고대로부터 있어 온 관(冠)을 대신하는 간편한 쓰개였다. 후한대로부터 유행
하게 되고, 진(晉) · 당(唐) 간에 걸쳐 차차 은사(隱士) · 도인(道人)의 아복(雅服)
을 이루었다. 송(宋)에 이르러 사마광(司馬光)이 복건과 심의를 연거(燕居)의 관
복으로 착용하고, 주희가 이것을 그의『가례(家禮)』(文公家禮) 가운데 추거(推擧)
한 뒤 유자들 사이에 유행하게 되었다. 그러나 그 모습이 괴상하게 여겨져 우리나
라에서는 일반화되지 못하고 극소수의 유자만이 착용하였는데, 미혼남자들은 이
를 통상예복으로 착용하였으며, 지금은 돌날에 복건을 씌우는 것처럼 어린아이들
의 장식으로 사용되고 있다(柳喜卿,『韓國服飾史硏究』, (이화여자대학교출판부,
1977). 376-7쪽).

Ⅲ. 초연함의 탄생
- 부동심과 경(敬), 스스로를 위한 '판옵티콘' -

퇴계는 평상시에 곤란하거나 당황스러운 상황에 처하더라도 '안색'을 바꾸는 등의 불안한 모습을 보이지 않았던 것 같다. 이렇게 흔들리지 않는 마음을 유지하는 것은 '경'이라는 원리이지만, 그것은 반드시 맹자에서 보는 '부동심'과 연관되어 있음을 알 수 있다.

호연지기(浩然之氣)'는 우주와 닮은 '크고 너른 기운'이다. 흔들리지 않는 굳센 기개를 말한다. 그런데 호연지기는 단순한 육체적 에너지가 아니다. '의(義)'와 '도(道)'의 합치에서 나오는 기운이다. 의와 도가 합치될 때, '올바름'을 지키고 있다는 내면의 떳떳함에서 나오는 당당한 용기이다. '의가 쌓여서(集義)' 생기는, 올바른 정신에 입각한 육체적-물리적 힘이다. 의와 도가 합치되지 못할 때는 이 호연지기가 위축되고 만다고 한다.[30]

그런데 호연지기를 기르는 일은 간단하지 않다. 호연지기를 기르겠다는 뜻(의지)을 가지고, 그것을 일삼아 해야 한다(有事). 맹자는 곡식을 키우는 일에 비유한다. 먼저 곡식 키우는 일에 전념해야 한다. 그러나 반드시 이러저러하게 되어야 한다고 선입견을 가져서도 안 된다(勿正). 그렇다고 될 대로 되라는 식으로 잊어버려서도 안 된다(勿忘). 아니 그렇다고 예컨대 벼가 자라는 순리를 잊고 쑥쑥 뽑아대는 식으로 무리하게 빨리 자라도록 조장해서도 안 된다(勿助長). 호연지기는 이렇게 〈유사(有事)→물정(勿正)→물망(勿忘)→물조장(勿助長)〉의

---

30) 『맹자』, 「공손추 · 상」.

프로세스를 통해서 길러진다.

　호연지기가 있는 자는 당당하고 초연하다. 당당하고 초연함 가운데, 부동심(不動心)이 들어 있다. 부동심은 분명히 '몸(身)'이 아니라 '마음(心)'에 대한 것이다. 예를 들어 북궁유(北宮黝)라는 자는 칼에 찔려도 움찔하지 않았고 눈을 찌르려고 해도 감지 않았으며, 상대를 불문하고 자신의 험담을 하는 사람은 누구에게나 보복을 했다. 즉 그는 상대를 불문하고 필승을 관철하는 용기(무조건적 용기)로 부동심을 보여주었다. 반면 맹시사(孟施舍)라는 사람은 객관적인 상황을 돌아보지 않고 결과도 신경 쓰지 않고 다만 두려워하지 않는 마음을 가짐으로써 부동심을 보여주었다. 즉 그는 승패와 관계없이 두려워하지 않는 마음(자신 내면의 '기')을 키움으로써 부동심을 얻었다. 맹자는 이들에 대해 "맹시사는 증자(曾子)와 비슷하고 북궁유는 자하(子夏)와 비슷하다. 두 사람의 용기 중 어느 것이 나은지 모르겠지만 맹시사는 요령을 지켰다"고 논평했다. 자하와 증자는 둘 다 공자의 제자이다. 자하는 내면에 대한 반성보다는 외적인 규범인 예를 학습하는 데에 주력했고, 증자는 자신의 내면에 대한 성찰에 주력했다. 맹자의 논평은 맹시사는 키워야 할 핵심이 무엇인지 알았기에, 아무 원칙도 없이 자신의 용기를 과시한 북궁유와는 달리 요령을 잡았는데, 그것은 '내면'에 있는 것임을 짐작케 해준다. 나아가서 증자와 맹시사의 차이점이 있는데, 맹시사는 북궁유와 비교할 때는 요령을 지켰으나 증자와 비교한다면 맹시사가 기른 것은 여전히 육체적인 것으로 증자가 요령을 지킨 것이 된다.

　이처럼 맹자가 말하는 부동심은 옛날 증자가 공자에게 들었다는 용기 즉 "스스로를 돌이켜보아 옳지 않다면 누더기를 걸친 비천한 사람에 대해서도 두려움을 느끼게 되고, 스스로 돌이켜보아 옳다면 천군만마가 쳐들어와도 나아가 용감하게 대적할 수 있는" 그런 것이다. 그것은 마음의 떳떳함에서 오는 강함이다. 즉 맹자의 부동심은 떳떳하고 당당한 마음의 확립에서 나오는 용기이다. 기가 아니라 심이다. 용기의 내면화이다.

퇴계는 먼저 맹자가 호연지기를 쌓은 방법으로서 말한 〈유사(有事)-물정(勿正)-물망(勿忘)-물조장(勿助長)〉을 각각 나누어서 말한다.

선생이 말하기를,
"(맹자가) '반드시 일삼음이 있되[有事], 기대하지 말고[勿正], 마음에 잊지도 말며[勿忘], 억지로 조장하지도 말라[勿助長]'고 한 말은 네 개의 항목으로 나누어서 보아야 한다. 일삼음이 있는 것[有事]이 하나이며, 기대하지 말아야 할 것[勿正]이 둘이며, 잊지 말아야 할 것[勿忘]이 셋이며, 억지로 조장하지 말아야 할 것[勿助長]이 넷이다."
하였다.   – 이덕홍(李德弘)[31]

맹자가 말하는 ①'일삼음이 있는 것[有事]', ②'기대하지 말아야 할 것[勿正]', ③'잊지 말아야 할 것[勿忘]', ④'억지로 조장하지 말아야 할 것[勿助長]'의 넷을 '①→②→③→④'의 순서로 분절화시킨다. 이런 기초 위에 경을 구축한다.

이것은 바로 내 몸과 마음의 주인자리를 확보하고 주인노릇을 하는 수양법의 확보이다. 한 마디로 '주재(主宰)'의 위상을 확정하는 것이다. 경은 공부를 하여 진리로 들어 가는 '문(入道之門)'이었다.

---

31) 「경을 지니는 공부를 논함(論持敬)」, 『언행록』권1, 41쪽.

신유년(1561)에 처음으로 선생을 찾아 뵙고 몸담을 일을 청했다. 선
생이 말씀 하시기를

"경이 도에 들어가는 문이다(敬是入道之門). 그러나 반드시 성실
[誠]해야 중단되는 일이 없을 것이다."

하고는, 이름을 사성(士誠), 자를 자명(子明)으로 지어 손수 써서 주
었다.　　　　　　　　　　　　　　　　　　　　　　　- 정사성(鄭士誠)[32]

이것은 '마음을 잡아 가짐[操]과 풀어놓음[舍]'[33] 즉 밀고-당김, 조
으기-풀기의 균형을 말한다. 불교에서 한번의 '날숨(呼)과 들숨(吸)'
의 사이(呼吸之間)에 생사가 있다 하듯, 퇴계도 '발을 떼고 딛는 그 한
걸음 걷는' 사이(一步之間)에 갈래갈래 흩어지는 마음이 있어 다잡
기 어렵다 하듯[34] 경의 전략은 치밀하다. 마치 가다머가 독일계 유대
인 시인 파울 첼란(Paul Celan, Paul Antschel, 1920-1970)의 시편 해
석[35]을 하는 가운데, 호흡의 '사이'에서 '차이'와 '희망'을 발견하듯 말
이다.[36] 유교에서 말하는 경은 팽팽한 긴장을 동반하며 그것을 체화하
는 것을 목표로 한다.

---

32) 「사람을 가르치는 일(敎人)」, 『언행록』권1, 56쪽.
33) 「경을 지니는 공부를 논함(論持敬)」, 『언행록』권1, 34쪽.
34) 「경을 지니는 공부를 논함(論持敬)」, 『언행록』권1, 34쪽.
35) '숨이 이어질 때, 숨을 새로 쉬는(호흡하는) 때의 거의 귀에 들릴락 말락 하는 순간
에 퍼지는 고요함과 같은 것이다. 이것은 '호흡의 전환점'이 의미하는 것, 곧 숨을
들이 쉴 때와 내 뿜는 사이의 소리 없음(고요함), 움직임 없는 간극의 체험이다. 꼭
히 말한다면, 첼란은 숨 이어짐 곧 호흡 역전의 순간을, 움직임 없는 침묵의 상태
만이 아니라 모든 역전이나 역전에 암시된, 억제된 어떤 종류의 희망과도 연결시
키고 있는 것이다. Fred Dallmayr, *Beyond Orientalism: Essays on Cross-Cultural
Encounter*, New York: Sate University of New York Press, 1996, p. 43.
36) 이 부분은 최재목, 「릴케가 본 붓다-동양과 서양의 문화적 '만남'의 의미에 대한
시론-」, 『유학연구』40집, (충남대학교 유학연구소 2017.8) 참조.

경은 불교의 정좌(靜坐)-좌선(坐禪)에 대응하는 유교적 수행법이
었다. 북송의 주렴계(周濂溪)는 '마음의 전일함=평정=고요함=집중'
을 의미하는 '일(一)=무욕(無欲)'을 주정설(主靜說)로서 정리하고, 이
것을 성인이 되는 공부방법으로서 확립하였다.[37] 정명도(程明道) · 정
이천(程伊川)에 이르러 선학(禪學)과 다른 일종의 정좌법(靜坐法)으
로서 행해지다가 주자에게서 '거경'(居敬: 경의 상태에 있음) 학설로
집약된다. 물론 퇴계와 동시대 성리학자들의 경 학설은 송대 유학에
만 국한되는 것은 아니다. 그 이후 펼쳐지는 원대 · 명대의 유학에서
논의한 경 이론들도 폭넓게 수용하고 있다. 주자는 선배들의 행하던
수행법들, 다음의 네 가지를 종합한다. 즉 정이천의 '①정재엄숙'(整
齊嚴肅 : 옷매무새를 가지런히 하고 엄숙한 모습을 함) · '②주일무
적'(主一無適 : 마음을 한군데 집중하여 다른 데로 흩어져 감이 없음),
③사상채(謝上蔡. 이름은 량좌(良佐). 이정(二程)의 문인)의 '상성성
법'(常惺惺法 : 항상 또렷이 정신이 깨어있는 방법), ④윤화정(尹和靖.
이름은 돈(焞). 정이천의 문인)의 '④기심수렴불용일물'(其心收斂不
容一物 : 그 마음(지금 살아 움직이는 이 마음=念)이 잘 거두어져(컨
트롤되어) 여타의 어느 한 가지(잡념)에 이끌려 다님을 허용하지 않
는다. 자신이 자신 마음의 주인이 됨)이 그것이다.

이 네 가지를 다음의 퇴계 기록에 입각하여 순서를 정해보기로 하
자. 퇴계의 경 또한 송대의 네 가지 학설에 기반한다.

---

37) 周敦頤, 『通書』, 「聖學」20, "聖可學乎, 曰可, 曰有要乎, 曰有, 請聞焉, 曰一爲要, 無
欲也." (성인은 배움으로써 가능한가? "가능하다." 요점이 있는가? "있다." 그것은
어떤 것인가? "전일한 상태(一)가 요점이다. 즉 욕심이 없는 것(무욕)인 것이다.")

묻기를,

"하루쯤 마음을 다잡아 보존하면 비록 달아나버리는 일은 없으나, 가끔씩 가다가 어둑어둑하여 광명(光明)한 기상(氣象)이 없어집니다."

하니, 말씀하기를,

"경을 지니는 공부가 익숙하지 못한 때문이다. 억지로 붙잡아두려고 하면 도리어 이런 병통이 생기는 것이다. 마치 파도가 모래톱을 쓸어내리고 골짜기가 안개를 피워 올리는 것과 같아서, 도리어 자신이 어두워지는 것이다."

하므로, 묻기를,

"그렇다면 어떻게 하면 이 병을 고칠 수 있습니까?"

하자, 말씀하기를,

"별다른 방법이 있는 것이 아니다. 정자(程子)는 말하기를, '흐트러진 마음을 거두어들이려고 하는 마음이 바로 흐트러진 마음을 거두어들이는 방법이다' 하였다. 그렇다면 경을 지니는 일을 실천하려는 것, 그것이 바로 경을 지니는 방법이다. 경을 지니는 방법에 대해서는 선유(先儒)의 네 가지 설에 갖추어져 있다.

대저 이런 병통이 있는 것은 다른 까닭이 아니라, 조장(助長)하려 하거나 아니면 잊어버리거나 하기 때문이다. 그런데 그 중에는 잊어버리는 병통이 더 많다. 이와 같은 조장하려 하거나 잊어버리는 병통이 없어지면, 그처럼 어두워지는 병통도 없어질 것이다."

하였다.

–이덕홍(李德弘)[38]

덕홍이 일찍이 암서헌(巖栖軒)에서 모시고 앉아 있었다. 선생이 말

---

38) 「경을 지니는 공부를 논함(論持敬)」, 『언행록』권1, 39-40쪽.

씀하기를, "학문을 하는 데는 우선 그 주재(主宰)를 세우는 것보다 더 나은 것이 없다."하므로,

"어떻게 해야 그 주재를 세울 수 있습니까?"하니, 말씀하기를,

"경(敬)하면 주재를 세울 수 있다."하기에 말하기를, "경(敬)에 대한 학설이 다단(多端)합니다. 어떻게 해야 잊어버리거나 조장(助長)하는 병에 빠지지 않을 수 있습니까?"하자, 말씀하기를,

"그에 대한 설들이 비록 많으나, 정·사·윤·주(程·謝·尹·朱)의 설보다 더 절실한 것이 없다. 그렇지만 배우는 자들이 더러는 성성공부(惺惺工夫)ⓑ를 하려하고, 더러는 불용일물공부(不容一物工夫)ⓒ를 하려 한다. 그러나 미리부터 무엇을 찾아내려는 마음을 가져서 인위적으로 조정하여 안배(按排)하려고 한다면 알묘(揠苗)의 병에 걸리지 않는 자가 거의 없을 것이다. 반대로 이를 조장(助長)하지 않으려 하여 조금도 마음을 쓰지 않는다면 또한 (씨앗 뿌린 전지(田地)를) 그냥 내버려두고 김을 매어주지 않는 자가 되지 않을 사람도 드물 것이다.

처음 배우는 자를 위한 계책으로서는 정제엄숙(整齊嚴肅)ⓐ-1 위에서 공부하는 것 만한 것이 없다. 무엇을 꼭 찾아내려 하거나 무엇을 어떻게 안배하려 하지 말고, 오로지 규율과 법도에 바탕을 두고 남들이 볼 수 없는 으슥하고 은미(隱微)한 경우를 삼가고 경계하여, 자신의 본래의 이 마음으로 하여금 조금이라도 흐트러지는 일이 없도록 한다. 그러면, 오랜 시간이 지나게 되면 저절로 마음이 늘 깨어 있고, 저절로 외물(外物)의 간여를 용납하지 않게 되어 조금도 잊어버리거나 조장하는 병들이 없어지게 될 것이다.

이천(伊川)선생이 일찍이 말씀하기를, '마음을 쓰는 것도 아니며 안 쓰는 것도 아니다'하였으며, 주자(朱子)가 장경부(張敬夫)에게 답한 편지에는 '경(敬)으로 주재를 삼는다면 안팎이 숙연(肅然)하여 잊어버리

지도 않고 조장하지도 않으면서 저절로 마음이 보존되겠지만, 경으로
주재를 삼지 않으면서 마음을 보존하려 한다면, 하나의 마음이 다른 하
나의 마음을 붙잡으려 함을 면할 수 없을 것인 바, 자신의 외부에는 아
무런 일이 없을 때에도 그 내면에는 벌써 온갖 것들이 머리를 쳐들어서
그 어지러움을 감당할 수 없을 것이다.

설사 마음을 잡아서 꽉 붙들어 놓을 수 있다 하더라도 그것만으로도
이미 큰 병인 것이다. 하물며 실제로 잡아서 붙들어 놓을 수조차 없는
경우이겠는가?' 하였다. 정자와 주자의 이 설은 절실하고 명백하여 깊
이 음미할 만하다."

하고는, 이어서 말씀하기를,

"동(動)과 정(靜)을 겸하고 안과 밖을 함께 갖춘 것으로는 정자의 이
른바 '의관(衣冠)을 바로하고 생각을 통일하여 장엄 엄숙 단정한 자세
로 속이지 말고 게으리지 말라'고 한 교훈보다 더 좋은 것이 없다.ⓐ-2
이를 마음 속에 깊이 새겨 다짐하지 않을 수 있겠는가?"

하였다. - 이덕홍(李德弘)[39](기호 표시는 인용자, 이하 동일)

(전략) "전날에 선생은 덕홍에게 먼저 주재(主宰)함을 세우라고 가
르치고 또 오직 경(敬)만이 주재함을 세울 수 있다고 하시니, 경(敬)의
이론이 가닥이 많습니다(多端). 어떻게 하면 물망물조(勿忘勿助)하지
못하는 병을 면할 수 있겠습니까?"

라고 물었다.

선생은,

"우선 정제엄숙(整齊嚴肅)ⓐ에 몸담아 공부를 하게, 찾고 구하는 것
을 허용하지 않고, 이리 저리 안배함을 허용하지 않으면서, 깊이 의리

39) 「경을 지니는 공부를 논함(論持敬)」,『언행록』권1, 37-38쪽.

(義理)속에 잠기기를 오래하여, 자연스레 항상 깨어 있게 되고(惺惺) ⓑ, 자연스레 하나의 물건도 허용하지 않게 되어(不容一物)ⓒ, 물망물조(勿忘勿助)하지 못하는 병을 면할 수 있다네."

(中略)

"심학(心學)은 마음속에 하나의 물(物)도 있어서는 안 된다고 하는데, 언충신(言忠信), 행독경(行篤敬)하려면 오히려 생각하고 생각하여 잊지 않아야 한다고 하면서 반드시 그렇게 하라 합니다. 그것을 보고 앞의 것에 대조하여 헤아려보면 좀 치우치고 분명하지 못하지 않습니까?"

라고 물었다.

선생은,

"선유(先儒)는 그렇기 때문에 이미 힘을 들여서도 안 되고 힘을 들이지 않아도 안 된다고 가르치셨던 것이네."

라고 말씀하였다. 다음날에 또 덕홍에게 이르기를,

"어제 논한 바는 힘을 들여서도 안되고 힘을 들이지 않아도 안 된다는 설명이었으나, 이천께서 착의(着意)도 아니요 착의 아님도 아니라고 설명하심이 더욱 온당한 것만 못하네."라고 말씀하였다. -이덕홍(李德弘)[40]

퇴계는 맹자가 호연지기를 얻는 네 가지 방법과 경의 네 가지 학설을 연계시키면서 당대의 유교적 관점에서 자신의 독특한 경 해석을 하고 있다. '전통적(송대적) 경+맹자의 부동심'에 바탕하여 퇴계는 새로운 수양의 매뉴얼을 탄생시키고 있는 것이다. 다시 말하면 퇴계의

---

40) 「경연 신하들이 아뢴 의론(筵臣啓辭)」,『언행록』권5, 259-261쪽.

'경(敬)'은 기존의 '지'(地, ground)['전통적(송대적) 경+맹자의 부동심']를 바탕으로 그려낸 '도'(圖, figure)['퇴계의 경']이다.

앞서 제시한 〈정이천의 ①정재엄숙+②주일무적〉, 〈사상채의 ③상성성법〉, 〈윤화정의 ④기심수렴불용일물〉을 위의 인용에 입각하여 요약하고 재정비를 하자면, ①은 외면적 형식 갖추기='주의'이고, ②는 내면적 '주의·집중'으로 진행되는 것이며, ③은 ①+②의 수행효과에 따라 내면적(심리적) 주의·집중이 심화되어 각성돼 있는 상태를 말한다. ④는 ①+②+③의 성과에 따라 내면적·외면적으로 주의·집중이 신체화되어 자연스레 이행됨을 말한다.(①/외/주의→②/내/주의·집중 진행→③내/주의·집중 심화 각성 상태→④내·외/주의·집중 신체화)

주의(注意: attention)와 집중(集中: concentration)은 다른 것이다.[41] '주의'는 '어떤 곳이나 일에 관심을 기울이는 것(수평적-관찰적-확산적)'이고, '집중'은 '어떤 한 곳이나 일에 관심을 모으는 것(수직적-성찰적-수렴적)'이다. 불교의 수행법으로 말하면 전자는 '위빠사나-혜(慧)-관(觀)'에, 후자는 '삼마타-정(定)-지(止)'에 해당한다. 이 수행방법은 주자학에서는 각각 궁리(窮理)와 거경(居敬)에 대비될 수 있다. 일단 퇴계에서도 이 맥락은 이어진다. 다음의 예문에서 명쾌하게 드러난다.

선생(=퇴계)은 여러 학생들에게 투호(投壺)놀이를 시켜, 그 덕성(德性)을 관찰하였으며, 이덕홍(李德弘)을 시켜 (선기옥형(璇璣玉衡)

41) 최재목, 「退溪像의 두(修己的-治人的) 系譜 탄생에 대한 고찰- 退溪像의 원형과 분화에 대한 試論 -」, 『유학연구』 27집, (충남대학교 유학연구소, 2012.12) 참조.

즉) 혼천의(渾天儀: 옛날의 천체 관측장치)를 만들어서 그것으로 하늘
의 모습[天象]을 관찰하게 하였다.(李德弘)[42]

퇴계는 제자들에게 '투호' 놀이를 시키고, 옛날의 천체 관측장치인
'혼천의'를 살펴보도록 했는데, 바로 투호 놀이는 '집중=거경'에, 혼천
의 살피기는 '주의-궁리'에 해당한다. 이처럼 퇴계가 평소 제자를 교
육함에 '집중-수렴법 vs 관찰-확산법'을 동시에 활용하고 있었다는
점은 놀랍다.

[사진 1] 도산서원에 보관 중인 투호(投壺)와 혼천의(渾天儀)

다만 주자나 퇴계의 궁리와 거경이 불교의 위빠사나-주의, 삼마타-

---

42) 『퇴계선생언행록』권1, 「論格致」, 28쪽.

집중에 완벽하게 대비되는 것은 아니다. 궁리는 외적 공부이긴 하나 '위빠사나-주의'를 바탕으로 '삼마타-집중'을, 거경은 내적 공부이긴 하나 '삼마타-집중'을 바탕으로 '위빠사나-주의'를 포함한다고 보아야 할 것이다. 책을 읽을 때 책에 주의하면서 집중하며, 길을 걸을 때는 길에 주의하면서 집중해야 하는 것처럼 말이다. 그래서 앞서 언급한 주일무적(主一無適), 상성성법(常惺惺法), 기심수렴불용일물(其心收斂不容一物)의 논의에서도 '주의·집중' 양면에서 파악하였던 것이다.

　에릭 캔델은『기억을 찾아서』에서 주의집중이 뇌 속에서 이루어지는 '공간지도의 안정화'와 닮아 있다고 하였다. 캔델은 윌리엄 제임스가『심리학의 원리』에서 말한 '주의집중'[='자발적(예: 운전할 때 도로와 교통에 주의기울임)='+'비자발적(예: 큰 것-밝은 것-움직이는 것 등의 외부적 속성-자극으로 주의집중이 활성화됨)]'을 들고 있는데, 이 두 유형이 뇌에 단기기억과 장기기억으로 변환되어 주위 공간-대상에 집중하고, 나아가야할 길의 방향을 찾고, 위기상황에 대처(예: 주행중 갑자기 차가 끼어들면 급제동을 하듯)하도록 한다고 보았다. 공간지도의 안정화에서 여성은 '근처의 단서나 특색 있는 지점'에 의존하고, 남성은 '내적인 기하학 지도'에 의존하는 점을 지적한다.[43] 말하자면 공간지도의 안정화에서 여성들을 '디테일적-곡선적-구체적-섬세적'이라 본다면, 남성들은 '도식적-직선적-포괄적-기하학적'이라 볼 수 있겠다. 이 점을 '정제엄숙+주일무적+기심수렴불용일물+상성성법'이라는 경의 수행법과 연관시켜본다면, 이들 수행법이 일단 유교를 담당하는 주체인 남성 사상들에 의해서 고안되고 실천된 '남성

---

43) 에릭 캔델,『기억을 찾아서』, 전대호 옮김, (랜덤하우스, 2011), 348-350쪽 참조.

적' 수행법이기에 여성과는 무관한 것이었다고도 할 수 있다.

그러나 경의 수행법은 삼마타적='도식적-직선적-포괄적-기하학적'인 면을 가짐과 동시에 위빠사나적='디테일적-곡선적-구체적-섬세적'적인 면을 갖는다. 그렇다면 경의 수행은 남성적+여성적이라 하겠다. 조선시대의 여성철학자 예컨대 장계향(張桂香)이『음식디미방』과 일상생활의 태도에서 보여주는 '경'의 태도가 그 좋은 예일 것이다.[44] 직선이 곡선화 되는 현상, 기하하적에서 섬세적은 마치 김상준이『유교의 정치적 무의식』속에서 "유(柔) 속에 날카로운 금속무기인 창[모/矛]이 담겨 있다. 유(柔)는 나무[木]와 창[矛]의 결합이다. 이 창은 나무에서 돋아나는 이파리, 새싹일 수도 있고, 나무를 깎아내는 칼날일 수도 있다. 가장 부드럽고 약한 것(새싹)과 가장 날카롭고 강한 것(창)이 한 글자 속에 두 개의 얼굴로 병립, 중첩되어 있다."[45] 이처럼 경이라는 수양법은 문명화라는 과정을 겪으면서 남성적인 것에서 여성화되고(문명화=여성화), 남성도덕적인 것이 여성도덕적인 것으로 형식과 내용이라는 '도덕성의 에너지'를 전환해간다.[46]

기하학적과 섬세적인 것은 파스칼이『팡세』에서 '참된 웅변은 웅변을 조롱하고, 참된 도덕은 도덕을 조롱한다. 즉 규칙이 없는 판단의 도덕은 지성의 도덕을 조롱한다. 왜냐하면 학문이 지성에 속하듯이 감정은 판단에 속하기 때문이다. 섬세함은 판단의 부분이고 기하학은 정신의 부분이다.'[47] '기하학 정신과 섬세한 정신의 차이'는 '머리-머

---

44) 이에 대해서는 최재목,「聖人을 꿈꾼 조선시대 여성철학자 張桂香 - 한국 '敬' 사상의 여 성적 실천에 대한 한 試論-」,『양명학』37집, (한국양명학회, 2014.4) 참조.
45) 김상준,『유교의 정치적 무의식』, (글항아리, 2014), 123쪽.
46) 김상준,『유교의 정치적 무의식』, (글항아리, 2014), 91-123쪽 참조.
47) 블레즈 파스칼,『팡세』, 현미애 옮김, (을유문화사, 2013), 317쪽.

리돌림-머리좋기'과 '눈-눈에 뜨임-눈 밝기'의 차이처럼[48] 정신과 감각(적 판단)으로 나눈다면 '경'의 수행은 중국 고대 유학에서 근세 유학로, 중국 유학에서 한국·일본의 유학으로 전개하면서 '정신에서 감각으로'(정신→감각)라는 이행 경로를 거친다. 이것은 정신의 분절화 혹은 미분이라고 말할 수 있다. 원론적인 것이 세분화되는 과정은 월인천강(月印千江)=이일분수(理一分殊)의 분화형식처럼, 〈'이일(理一)=일본(一本)=상달(上達)'에서 '분수(分殊)=(萬殊)=하학(下學)'으로〉의 과정과도 같다. 중세 독일의 신비사상가 가운데 위디오니시우스는 절대자인 신(神)의 인식에서 '긍정의 길'(=긍정신학)과 '부정의 길'(=부정신학) 두 갈래로 제시하는 것이 좋은 참고가 된다: "우리가 높이 올라가면 갈수록 말 수가 적어진다. 우리가 더 높이 올라가서 어둠에까지 이르고 나면 말 수가 적어지는 것이 아니라, 아예 말이 없어지고 만다. 그러나 우리가 '더 높은 곳'에서 '더 낮은 곳으로' 내려올수록, 말이 많아지고 개념이 다양해진다. 그리하여 '더 낮은 곳'에서 '더 높은 곳으로' 올라갈수록 말이 움츠려 들고, 끝에 가서는 '말할 수 없는 것'에 이르고 만다."[49] 현실 속으로 내려오는 것은 구상적 세계로 향하는 것으로 긍정의 신학이고, 신 쪽으로 올라가는 것은 추상적 세계로 향하는 부정의 신학이다. '주의'는 시끄러움-번잡함-언어의 세계를 일일이 바라보고 살피는 것이기에 긍정신학적 방향으로, '집중'은 시끄러움-번잡함의 세계로부터 물러나 고요함-단순함-비언어(침묵)이라는 부정신학적 방향으로 대비시켜 이해할 수 있다.

---

48) 블레즈 파스칼, 『팡세』, 현미애 옮김, (을유문화사, 2013), 315쪽 참조.
49) 정달용, 『중세독일신비사상』, (분도출판사, 2007), 25-26쪽.

이 문제를 현실의 건축이나 미학의 차원에서 접근해보면, 추상적인 게르만 풍과 구상적인 라틴 풍으로 대별할 수 있다. 알프스산맥을 두고 공간 미(美)의 표현 기법이 다른 것을 상기해보면 좋겠다. 알프스 산맥 북쪽은 침착한 성격의 사람들이 만든 게르만의 문화가 있고, 남쪽은 명랑한 성격의 사람들이 만든 라틴의 문화가 있다. 전자는 중세건축 계통의 초기기독교→로마네스크→고딕→고딕복고(Gothic Revival) 양식을 펼쳤다. 후자는 지중해 세계에 기원을 둔 고전건축 계통의 그리스→로마→르네상스→바로크→신고전주의(Neo-Classicism) 양식을 펼쳤다. 북쪽은 빛이 적고, 음울하다. 안개와 어둠 속에 흐릿하게 초목들이 서 있고, 흐린 시계(視界), 입체적 윤곽이 뚜렷하지 않다. 그런 풍광을 감싸 껴안은 깊은 숲은 신비스럽지만 동시에 공포스럽다. 여기서 추상성, 내면성, 신비성이 나오고, 더욱이 기독교의 초월성이 전체 분위기를 엄숙함으로 이끈다. 건축에선 보호막처럼 '벽(壁)'이 발달하고, 자연세계의 중력을 받는 그 중량감을 수직의 여러 선들 즉 '선조요소(線條要素)'로 감춰버린다. 그 대신 천상적(天上的) 공간을 만들어 신(神)의 가호와 그 위대함이라는 가상의 힘을 추상적으로 수식하여 표현한다. 이것이 고딕 건축 양식의 요점이다. 반면에 남쪽은 빛이 풍부하니, 밝은 빛 아래 모든 것이 선명히 그 자태를 드러낸다. 탁 트인 시계(視界), 빛과 그늘은 분명한 대비를 이루어 간결한 입체성을 보인다. 자연은 위협적이지 않고 질서와 조화를 가진 걸로 인식되고. 그 원리를 찾아내려는 이지적 태도가 생겨난다. 여기서 구상성, 외관성, 입체성이 두드러지며, 대지에 우뚝 직립한 인간 신체의 숭고함을 발견한다. 전신의 근육을 써서 자신의 육체를 들어 올리는 균형을 잡은 인간의 두 다리처럼, 건축엔 '기둥(柱)'이 발달하고, 주열(柱列)이 두드러진다. 기둥을 주역(主役)으로, 떠받히고 받혀지는 일련의 관계, '땅 바닥 '기둥' 들보 처마'의 한 세트 즉 '오더(Order)'는 핵심요소다. 오더는 자연세계의 중력을 현실로서 받아들여 그 중량감을 인간 자신의 신체로써 이지적으로 떠받히는, 구상적 조화적 미를 표현한다. 이것이 그리스 건축 양식의 요점이다.[50] 이처럼 '주의-긍정신학'은 라틴 풍으로, '집중-부정신학'은 게르만 풍으로 대비해보는 것도 괜찮겠다.

본원(카오스)에서 현상(로고스)으로 이행되는 과정은 '질서'를 창출하는 논리 형식이다. 그런데 질서의 핵심은, 그레고리 베이트슨이 『마음의 생태학』에서 말하듯, '골라내기와 구분'이다. 이 문제가 사회적·정치적으로 진행되면, 이름붙이기(命名·名稱)와 실천이 수반되고, 이것과 저것, 나(우리)와 너(타자)의 구별이 따르며, 차별-규제-감시-배제-삭제-혐오으로도 이어진다.[51]

퇴계는, 예컨대 술의 '안 취함'-'취함'이 '마음을 잡아 가짐'[操]과 '풀어 놓음'[舍]으로 직결하여 판단하고 규제하고자 한다.

또 말씀하기를,

"일찍이 금문원(琴聞遠)의 집에 간 일이 있는데, 산길이 험하여 갈 때는 고삐를 잡고 조심하여 몰면서 계속 마음을 놓지 않았으나 돌아올 때는 술이 약간 취하여 갈 때의 길이 험하던 생각은 깜박 잊고 마치 탄탄대로처럼 마음 놓고 왔다. 마음을 잡아 가짐[操]과 풀어 놓음[舍]이

---

50) 최재목,『동양철학자 유럽을 거닐다』, (책세상, 2013), 56-58쪽.
51) 그레고리 베이트슨,『마음의 생태학』, 박대식 옮김, (책세상, 2013), 43-45쪽, 725-726쪽 참조.

매우 두려운 것이다."

하였다.　　　　　　　　　　　　　　　　　　　　　　　　　 - 김성일(金誠一)[52]

　일찍이 말씀하기를,

　"사람은 마음가짐이 가장 어렵다. 일찍이 스스로 경험하여 보았는데, 한 걸음을 걷는 사이(一步之間)에 마음이 그 한 걸음에 보존되어 있기도 어려웠다."

　하였다.　　　　　　　　　　　　　　　　　　　　　　　　 - 김성일(金誠一)[53]

　결국 이 규율의 체계는 다름 아닌 '정재엄숙+'주일무적+상성성법+기심수렴불용일물'의 신체화로서, 몸이 마음의 규율에 따르는 것이다.

　(前略) 묻기를,

　"정좌(靜坐)하다가 심신을 구속하는 병이 생기면 어떻게 합니까?"

　하니, 선생이 말씀하기를,

　혈육(血肉)으로 이루어진 몸이 어릴 때부터 전혀 검속(檢束)을 받는 일이 없다가 하루아침에 갑자기 정좌(靜坐)해서 수렴(收斂)하려고 한다면, 어찌 구속에 따른 병이 생기지 않겠는가? 모름지기 이는 아리고 아프며 시원스레 풀어줌이 없는 시절을 굳게 참고 세월이 오래 가게 된 뒤에야 비로소 구속이라는 병이 없어지게 되는 것이다. 만약 구속 당하는 것은 싫어하고 저절로 이루어지기를 바란다면, 이것은 곧 성현은 온몸이 모두 마음의 명령을 따라서 공손하고 편안하다는 일이지만, 처음

---

52) 「마음을 보존하고 성찰함(存省)」, 『언행록』권1, 35쪽.
53) 「마음을 보존하고 성찰함(存省)」, 『언행록』권1, 35쪽.

배우는 자로서는 가능하지 않은 것이다.

대저 구속(拘束)이라는 병통은 실은 경을 지니는 공부가 지극하지 못하여 편안하고 자유로움을 추구하는 마음을 항상 숨어들기 때문이다. 마음이 항상 깨어 있어서 게으르고 방종함이 없다면, 몸의 모든 부분이 저절로 수렴(收斂)되고 검속(檢束)을 받아서, 마음의 명령을 따르게 될 것이다."

하였다. 또 말씀하기를,

"학문을 하는 도리는 반드시 전일(專一)한 마음으로 장구한 기간에 걸쳐서 해야만 비로소 이루어지는 것이다. 만약 들었다 나갔다 하는 마음을 가지고 하다가 말다가 하는 배움을 한다면, 학문이 무엇으로 말미암아 이루어질 수 있겠는가?

그래서 주자(朱子)가 등공(藤공)에게 고하기를, '전일한 마음으로 오래 오래 하여야 이루어지는 것이다. 둘 셋으로 갈라지거나 중단이 되면 그르치는 것이다' 하였던 것이다."

하였다.
                                                    - 김성일(金誠一)[54]

묻기를,

"생각이 번잡해지는 까닭은 무엇 때문입니까?"

하니, 선생이 말씀하기를,

"사람은 이(理)와 기(氣)가 합하여 마음[心]이 되었다. 그래서 이( ) 가 주재( )가 되어 기( )를 거느리면, 마음이 고요하여지고 생각이 통일되어 자연 잡념이 끼어들 틈이 없다. 하지만, 이(理)가 주재 노릇을 못하고 기(氣)한테 눌리면, 마음이 흔들리어 어지러워져서 그 끝이 없다. 그리하여 사특한 생각 허망한 상상이 번갈아 몰려들어 쌓이기를 마

---

54) 「경을 지니는 공부를 논함(論持敬)」, 『언행록』권1, 40-41쪽.

치 무자위가 빙글빙글 돌듯이 한숨도 안정하지 못하는 것이다."

하였다. 또 말씀하기를,

"사람은 사려(思慮)가 없을 수 없다. 다만 쓸데없는 사려를 제거하여
야 하는 것일 뿐이다. 그 요결은 경(敬)하는 일에 불과하다. 경하면 곧
마음이 통일되고 마음이 통일되면 사려는 저절로 고요하게 되는 것이
다."

하였다.   – 김성일(金誠一)[55]

퇴계의 경의 수행 시스템은 일종의 판옵티콘(Panopticon)의 탄생
이다. 판옵티콘은 '판pan(모두)'+'옵티콘opticon(본다)'(=모두 다 본
다)으로, '영국의 공리주의 철학자 제레미 벤담(Jeremy Bentham)이
죄수를 효과적으로 감시하기 위해 1791년에 설계한 원형 감옥이다.
미완의 설계이긴 하나, 그 내용은 감옥 중앙에 높은 감시탑을 세운 후,
죄수들의 방은 감시탑의 둘레를 따라 원형으로 기획되었다. 판옵티콘
중앙의 감시탑을 항상 어둡게 하고 죄수들의 방을 밝게 비추면 항상
감시받고 있다고 느끼기에 행동을 조심하게 된다는 것이다. 마치 '정
재엄숙+'주일무적+기심수렴불용일물'이 '상성성법'이라는 '항상 또렷
이 정신이 깨어있는' 수양법을 지향한다는 점에서 '모두 다 본다'는 판
옵티콘의 방식과 흡사하다. 벤담의 이 판옵티콘은 프랑스 철학자 미
셸 푸코(Michel Foucault)가 그의 저서 『감시와 처벌』에 언급하면서
세상의 주목을 끌게 된다. 그는 현대의 감시체제(즉 대중을 철저하게
감시하면서도 자신의 모습을 드러내지 않는 규율 권력)의 원형을 판
옵티콘이라 하였다. 그런데, 경은 타자를 향한 것이 아니라 자신을 향

---

55) 「경을 지니는 공부를 논함(論持敬)」, 『언행록』권1, 41–42쪽.

한 감시체계이다. 말하자면 주의집중은 남에게 향한 것이 아니라 자신을 향한 것이니 자신 속에 자신을 규율하는 체계=감시탑=판옵티콘이 들어있는 것이다.

> 무진년(1568) 7월 18일에 일찍이 출발하여 서울로 들어가는 길에 광진(廣津)[56]에 이르러서 마침 큰 비바람을 만났다. 파도가 용솟음쳐서 배가 거의 뒤집힐 지경이었으므로, 배 안의 사람들이 놀라서 어쩔 줄 몰라 하였으나, 선생은 신색(神色)이 아무런 동요가 없었다. – 이안도(李安道)[57]

이 이야기는 영국인과 프랑스인의 기질을 대비한 예를 떠올리기도 한다.

> 옛날에 영국인과 프랑스인을 실은 한 대의 대형 사륜 마차가 알프스 산맥을 통과하고 있었다. 그때 말이 너무 내달려서 마차가 다리 석조물에 걸려 비틀거렸고 자칫하면 계곡 아래로 떨어질 뻔 했다.
>
> 이때 프랑스인들은 비명을 지르고 난리법석이었다. 하지만 영국인들은 냉담하고 침착하게 앉아 있었다. 그러다가 여관 앞에 차를 세우고

---

56) 광진(廣津)은 광나루라고도 하며 조선시대 한강변에 설치된 나루를 말한다. 현재의 서울특별시 광진구(廣津區)에 해당. 광진구 광장동과 강동구 천호동을 잇는 다리로 광진교가 있다. 처음에 양주군 고양주면 광진리였는데, 1914년 4월부터 고양군 독도면 광장리로 되었으며, 이후로 이 「광나루」가 있는 마을을 광장리로 고쳐 부르게 되었다. 팔당ㆍ덕소를 거쳐 흘러 내려오는 한강 물이 암사(바윗절)가 있던 남안 암벽에 부딪쳐 북쪽으로 휘어 흐르다가 다시 아차산의 남록 암벽에 부딪혀 흐르면서 강나루가 넓어지는 이 나루터가 광진(廣津)이다. 넓은 나루를 의미하기에 「광나루」라고도 부른다.
57) 「일상생활의 절도(起居語默之節)」,『언행록』권2, 84-85쪽.

말을 바꾸고 나서 사태는 진정되었다. 그러자 프랑스인들은 언제 그랬
냐는 듯이 완전히 잊어버리고 즐거운 듯 잡담을 하기 시작하였다.

　그런데, 상황은 반전되었다. 영국인들은 이때가 되어서야 비로소 그
위험을 깨닫기 시작했다. 심지어 한 영국인은 신경쇠약으로 드러누웠
다. 그들은 본능적으로 마차 안에서 이리 몰리고 저리 몰리지 않고 침
착하게 꾹 참고 있었던 것이다. 왜냐하면 그렇게 하면 마차가 더 뒤집
혀질 것 같았기 때문이다. [58]

　다시 말해서, 광진에서 사람들과 퇴계는 배를 탔는데 파도를 만나
배가 심하게 흔들렸다. 이때 출렁이는 배 안에서 비명을 지르던 사람
들과 침착한 태도를 보인 퇴계는 매우 대조적다. 이것은 마치 앞서 언
급한 프랑스인과 영국인들의 예화와 대비되는 것인데, 퇴계의 경우,

---

58) The Englishman appears to be cold and unemotional because he is really
slow. When an event happens, he may understand it quickly enough with his
mind, but he takes quite a while to feel it. Once upon a time a coach, containing
some Englishman and some Frenchmen, was driving over the Alps. The horses
ran away, and as they were dashing across a bridge the coach caught on the
stonework, tottered, and nearly fell into the ravine below. The Frenchmen
were frantic with terror: they screamed and gesticulated and flung themselves
about, as Frenchmen would. The Englishmen sat quite calm. An hour later the
coach drew up at an inn to change horses, and by that time the situations were
exactly reversed. The Frenchmen had forgot all about the danger, and were
chattering gaily; the Englishmen had just begun to feel it, and one had a nervous
breakdown and was obliged to go to bed. We have here a clear physical
difference between the two races a difference that goes deep into character.
The Frenchmen responded at once; the Englishmen responded in time. They
were slow and they were also practical. Their instinct forbade them to throw
themselves about in the coach, because it was more likely to tip over if they did.
(宋成文, 『성문 綜合英語』, (成文出版社, 1978), 19쪽)

영국인처럼 「신경쇠약으로 드러누웠다」는 정황은 없다.

아울러 『성경』 「마태복음」 8장 23~27: '예수께서 풍랑을 잔잔하게 하시다' 부분에 나오는 대목도 떠올린다.

> 23 예수께서 배에 오르시니, 제자들이 그를 따라갔다.
>
> 24 그런데 바다에 큰 풍랑이 일어나서, 배가 물결에 막 뒤덮일 위험에 빠지게 되었다. 그런데 예수께서는 주무시고 계셨다.
>
> 25 제자들이 다가가서 예수를 깨우고서 말하였다. "주님, 살려 주십시오. 우리가 죽게 되었습니다."
>
> 26 예수께서 그들에게 "왜들 무서워하느냐? 믿음이 적은 사람들아!" 하고 말씀하시고 나서, 일어나 바람과 바다를 꾸짖으시니, 바다가 아주 잔잔해졌다.
>
> 27 사람들은 놀라서 말하였다. "이분이 누구이기에, 바람과 바다까지도 그에게 복종하는가?"

퇴계의 초연함은 부동심+경의 매뉴얼에 따른 '지성적'인 것이라면, 예수의 초연함은 믿음에 입각한 '종교적'인 것이다.

Ⅳ. 맺음말: 희현(希賢)의 정신과 삶

서양의 필로소피아(philosophia)에서 '필로'(=愛)는 '소피아'(智: 지혜)가 목적이다. 그런데 퇴계에서 '필로'의 목적은 '성현'(聖賢)이었다. 필로소피아에서는 궁극 지향점이 '지혜'라면, 퇴계에서는 '이상적

4. 퇴계의 '초연함'에 대한 인문적 성찰 155

인간'이었다. 필로소피아는 스킬(skill)보다는 소피아(sophia)를 목적으로 하지만, 퇴계는 소피아에서 그치지 않고 '휴매니티'로 나아간다. 인간을 큰 바위얼굴로 삼아서 그쪽으로 나아가, '그와 같이/그처럼 되고자' 한다. 일상의 공부는 '그런(=성현 같은) 인간됨'을 지향하는 것이었다.

니시 아마네(西周. 1829-1897)가 필로소피아를 처음에 '희현학'(希賢學: 현자를 희구하는 학문)으로 번역했다가, 나중에 '희철학'(希哲學)으로, 다시 거기서 '희' 자를 떼어버리고 '철학'(哲學)으로 바꾼 것은 잘 알려진 사실이다. 그러나 그가 왜 '현' 자를 '철' 자로 바꾸었는지, 그리고 왜 '희' 자를 떼어버렸는지 그 이유가 명확하지 않다.[59] 다만 여기서 이야기 하고 싶은 것은, 필로소피아가 '희현학'→'희철학'→'철학'으로 바뀌었을 때, 아쉽게도 상실한 것은 두 가지라는 점이다. 즉 '희'(=희구)의 정신과 '현'(=현자)이라는 알맹이이다. 물론 전체적으로는 '현자를 희구한다'는 문장이겠으나, 철학이란 번역어에는 그런 맥락과 의미들이 싹뚝 잘려버렸다. 번역자의 실수라기보다는 니시 아마네가 추상적-관념적인 측면보다는 객관적-과학적-실증적 입장에서 근대적 의미의 '학지'(學知)를 규정하려는 표현이었다.[60]

니시 아마네 이후 '철학'이란 개념은 일본 내에서는 물론 중국, 한국에도 수입되어 지금까지 유행하게 되나, 당초 니시 아마네의 번역어 '철학' 개념은 그 의도 자체가 실증·실용적인 것이었다. 이 점을 잊

---

59) 이에 대해서는 菅原光, 「補論1「哲學」の發明」, 『西周の政治思想』, (ペリカン社, 2010)을 참고바람.

60) 이에 대해서는 그의 『百學連環』[西周, 『西周全集』, 大久保利謙 편, (宗高書房, 昭和56)]에 잘 드러나 있다.

어서는 안 된다. 도쿄제국대학(東京帝國大學)에서 관학 철학을 대표
하던 이노우에 테츠지로(井上哲次郎)의, '데칸쇼'(데카르트, 칸트, 쇼
펜하우어)로 대표되는 관념론 성향의 철학이 일본 제국주의 학지(學
知)-아카데미즘이 아시아 전반에 침투할 때 한국 철학계도 무임승차
하며 이런 흐름에서 '철학' 개념을 여과 없이 수용, 승계해왔으나 니시
아마네의 번역어 '철학'은 애당초 '희현'의 정신을 제거-상실한 개념
임을 잊어서는 안 된다.[61]

　흔히 퇴계철학이라고 하지만 이런 용어도 깊이 생각해보면 사용하
는데 주저할 필요성을 느낀다. 분명 퇴계에게 철학은 성현을 희구하
는 이른바 '희현학'이었다. 보통 텍스트 그리고 문자 속에는 그것을 쓴
사람의 실제 모습도, 목소리도 상실하고 말아 부재한다. 그런데 퇴계
는 글-책을 읽을 때, 그 속에서 '지혜'만을 목표로 하지 않고 글을 쓴
'바로 그 사람'을 부단히 찾고 있었다. 그 사람의 모습과 목소리를 느
끼고, 그 사람과 하나 되며, 그 사람이 되고자 하였다. 인격 대 인격으
로 책을 읽으며 공부하였다. 필로소피아가 지혜에 대한 희구라면 퇴
계는 그 사람(성현)에 대한 희구였다. 마치 송(宋)의 진백(陳栢)이 지
은 「숙흥야매잠(夙興夜寐箴)」에서 "새벽에 일찍 일어나 세수하고 빗
질하고 의관을 갖추고, 단정히 앉아 안색을 가다듬은 다음…책을 펼
쳐 성현들을 대하게 되면, 공자께서 자리에 계시고, 안자와 증자가 앞
뒤에 계실 것이다. 성현의 말씀을 친절히 경청하고, 제자들의 문변(問
辯)을 반복하여 참고하고 바로 잡아라."[62] 한 것처럼 말이다. 퇴계는,

---

61) 이에 대해서는 최재목, 「필로소피아에서 철학으로」, 『길 위의 인문학』, (지식과 교
　　양, 2017), 41-42쪽 참조.
62) 李滉, 『聖學十圖』, 「第十 夙興夜寐箴圖」: 昧爽乃興, 櫛衣冠端坐斂形, 提此心如出日,

아래에서처럼, 책을 대하거나 읽을 때에는 책의 주인공과 인격 대 인격적 대면으로 일관했다.

선생이 성현을 존경하고 흠모하여 공경하기를 마치 신명이 위에 있는 것처럼 하였다. 글을 읽을 때는 반드시 이름자를 피하여 그냥 '모(謀)'라고만 읽어서 그를 범하는 일이 없었다.(『어록』, 권1, 독서, 21쪽)
　　　　　　　　　　　　　　　　　　　　 - 김성일(金誠一)[63]

암서헌(巖栖軒)의 양면을 서가(書架)로 만들었는데, 유독 서쪽 변만 반쪽만 막고 그 가운데는 비워두었으므로, 묻기를
"이처럼 하는 것은 어떤 이유가 있습니까?"
하였더니, 선생이 말씀하기를,
"여기는 내가 기거하고 잠잘 곳이다. 성현의 경전 등 교훈을 뒤에 두고 등지고 앉는다는 것은 미안한 일이다. 그래서 이렇게 한 것이다."
　　　　　　　　　　　　　　　　　　　　 - 금란수(琴蘭秀)[64]

다시 말하면 인간 '임(사실, sein)'에서 인간 '됨-다움(당위, sollen)'으로 향하는 것이었다.

퇴계는 맹자의 부동심과 경을 결합하여 얻어낸 경의 수양법을 신체화하여, 스스로 초연함을 지닐 수 있었다. 스토아 학파의 '아파테이아(apatheia)'에 해당하는 부동심이다. 그것은 다르게 말하면, 타자가 아

嚴肅整齊虛明靜一, 乃啓方册對越聖賢, 夫子在坐顏曾後先, 聖師所言親切敬聽, 弟子問辨反覆參訂.
63)「독서(讀書)」,『언행록』권1, 20쪽.
64)「조선을 받드는 일(奉先)」,『언행록』권2, 96쪽.

닌 자신을 향한 일종의 유교적 '판옵티콘'이었다.

수직적 깊이를 가지면서 마음을 수렴하고, 동시에 수평적 넓이를 확보하며 일거일동을 단속 · 점검하는 엄격함은 삶 자체가 바로 철저한 유교적 '수신(修身)'의 가상현실게임(simulation)이었음을 말해준다. 이를 통해서 경은 신체화 내면화되고 있었다. 마치 선비들이 보여주는 문인음악(文人音樂)에서 거문고의 선을 치며 떨리는 줄을 손가락으로 눌러가며 소리의 '비율(ratio)'이 과한 것은 죽이고 불급한 것은 살려가는 연주 방식을 떠올려보는 듯하다. 그것은 바로 자신의 마음을 '닦는(修)' 평상의 수행법이 바로 현실사회, 정치의 장으로 향할 수 있다는 철저한 훈련이었다. 마음이 사회 정치 현장에 노출됐을 때 이르는 곳마다 잘 조절(분절화)돼 과불급이 없도록 훈련하는 것은 기질의 신체, 욕망의 마음을 미분하면서 점검하는 일이었다. 삶이 곧 철학이었고, 철학적으로 행동하는 장이었다. 행동하는 지성 즉 '리(理)의 발동(發)' 자체였다.

한 마디로 전문가라는 것은 데카르트가 말한 '허위의 자격'이 아닌가. 데카르트는 『방법서설』에서 전문가는 타인의 정신적인 불행으로 벌어먹고 살아가는 허위의 자격이라 꼬집고 있다[65]. 즉 남의 불행을 기반으로, 그것을 자본 삼아, 돈벌이를 하는 자(전문가 사기꾼)들이라는 말이다. 애당초 '문자'를 통한 학문–지식 추구의 도구적 속성은 그런 것이었다. 주렴계가 『통서(通書)』에서 언급한 「성인은 하늘과 같이 되기를 희구하고, 현인은 성인과 같이 되기를 희구하고, 사대부(독

---

65) 데카르트, 『方法敍說 ; 省察 ; 情念論 ; 哲學의 原理 ; 諸規則』, 김형효 역, (삼성출판사, 1977), 46쪽, 48쪽 참조.

서인 계층=지식인)는 현자와 같이 되기를 희구한다」(聖希天, 賢希聖, 士希賢)[66]는 선언은 인간 자체를 향한 "영혼의 충박(衝迫)"[67] 같은 것이라 생각한다. 이런 콘텍스트를 잃어버린 현대인의 삶에서 인간들의 진정한 고향인 '인간의, 인간다운 삶'이 무엇인가를 묻는 것은 여전히 유의미하다고 본다. 이럴 경우, 퇴계가 추구했던 보다 높은 인간을 향한 '희현'의 정신, 초연함의 인문적 의미를 다시 물어보는 것은 어색하면서도 신선하다고 하겠다.

---

66) 『通書』「聖學」제10.
67) 요한네스 헷센, 『서양철학 입문』, 허재윤 역, (이문출판사, 1997), 32쪽.

참/고/문/헌

〈退溪의 肖像畵에 대하여〉

• 崔南善,『少年』제 4년 제2권 5월호, 종간호, 1911.05.15

• 玉圻 編,『三才圖會』(影印本), 上海: 上海古籍出版社, 1988.

• 문화공보부 문화재관리국 편,『도산서원중수지』, 서울 : 문화공보
부 문화재관리국, 1970.

• 아베 요시오,『퇴계와 일본 유학』, 김석근 옮김, 서울: 전통과 현
대, 1998.

• 타키 코지,『천황의 초상』, 박삼헌 옮김, 서울: 소명출판, 1988.

• 국제퇴계학회대구경북지부 편,『退溪先生言行錄』, 대구: 국제퇴
계학회대구경북지부, 1994.

• 유희경 외 9인,『歷史人物肖像畵大事典』, 서울: 현암사, 2003.

• 강구율,『퇴계선생』권7, 대구: 국제퇴계학회대구경북지부, 2006.

• 와카쿠와 미도리,『황후의 초상』, 건국대학교 대학원 언어문화 ·
언어학과 옮김, 서울: 소명출판, 2007.

• 김호태,『헌법의 눈으로 퇴계를 본다』, 서울: 미래를 여는 책, 2008.

• 高田誠二 · 藤原一毅,『日本の教育精神と李退溪 附李栗谷の擊蒙
要訣と時事』, 京城府: 朝鮮事情協會出版部, 昭和9年(1934).

• 瀧尾英二,『朝鮮ハンセン病史: 日帝植民地下の小鹿島』, 東京:
未來社, 2001.

• 小川晴久,『二松漢文 基礎漢文:思想編』, 東京: 二松學舍大學21世
紀COEプログラム, 平成17年(2005).

- 小川陽一,『中國の肖像畵文學』, 東京: 硏文出版, 2005.
- 中嶋隆藏,『中國の文人像』, 東京: 硏文出版, 2006.
- 이기동, 최재목,「序文」,『퇴계학 연구논총 7: 일본의 퇴계연구』, 경북대학교퇴계연구소, 2000.
- 권순철,「퇴계 철학 원형의 탄생과 식민지적 근대성」,『전통과 현대』통권 22 · 2002년 겨울호, 전통과 현대, 2002.
- 최재목,「李退溪의 陽明學觀에 대하여 - 퇴계의 독자적 心學 형성에 대한 一試論 - 」,『퇴계학보 제113집, 퇴계학연구원, 2003.
- 최문주,「천원권 퇴계 초상은 친일화가 자화상」,『시민의신문』, 2006.02.08.
- 최재목,「近代韓國, 日本《陽明先生肖像》之思想戰略」,『王陽明學術思想國際硏討會論文集』, 王陽明學術思想國際硏討會(餘姚市人民政府/浙江省國際陽明學硏究中心), 2007.
- http://enc.daum.net/dic100/contents.do?query1=b18a1580b
- http://blog.naver.com/snlover5/130023703111
- http://namsan.lib.seoul.kr/history80/sub10_2.php
- http://www.kcaf.or.kr/art500/ytlee/main.html
- http://article.joins.com/article/article.asp?ctg=12&total_id=2613480
- http://news.media.daum.net/snews/economic/industry/200601/17/yonhap/v11419395.html
- http://blog.naver.com/one2only?Redirect=Log&logNo=90002129096

(이상의 검색일자는 4월 20일)

〈退溪像의 변모〉

- 『禮記』
- 黃宗羲, 『明儒學案』
- 李滉, 『退溪先生文集』
- 李滉, 『退溪先生言行錄』
- [이황, 『退溪先生言行錄』(한글번역본), 국제퇴계학회대구경북지부 옮김, 대구: 국제퇴계학회대구경북지부, 1994]
- 黃玹, 『梅泉夜錄』
- 邊英浩, 『朝鮮儒教の特質と現代韓國-李退溪 · 李栗谷から朴正熙まで』, 東京 : クレイン, 2010.
- 최재목, 『退溪先生』13, 대구: 영남퇴계학연구원, 2009.
- 김호태, 『헌법의 눈으로 퇴계를 본다』, 서울: 미래를 여는 책, 2008.
- 최재목, 「9. 어른은 '계신다'는 자체로 의미가 있는 것이다.」, 『退溪先生』13, (대구: 영남퇴계학연구원, 2009),
- 국사편찬위원회 편, 『옷차림과 치장의 변화』, 서울: 두산동아, 2006.
- 이강칠 외, 『歷史人物肖像畵大事典』, 서울: 현암사, 2003.
- 瀧尾英二, 『朝鮮ハンセン病史: 日帝植民地下の小鹿島』, 東京: 未來社, 2001.
- 아베 요시오, 『퇴계와 일본 유학』, 김석근 옮김, 서울: 전통과 현대, 1998.
- 柳喜卿, 『韓國服飾史研究』, 서울: 이화여자대학교출판부, 1977.
- 鄭鎭石 · 鄭聖哲 · 金昌元, 『朝鮮哲學史』, 宋枝學 譯, 東京: 弘文

堂, 昭和37.

• 吾妻重二, 「深衣について -近世中國・朝鮮および日本における 儒服の問題 - 」, 『東アジアにおける文化情報の發信と受容』, 東 京: 雄松堂出版, 2010.

• 이태호, 「조선시대 肖像畵의 발달과 士大夫像의 유형」, 『肖像, 형 상과 정신을 그리다』, 안동: 한국국학진흥원・한국유교박물관, 2009.

• 권순철, 「퇴계 철학 원형의 탄생과 식민지적 근대성」, 『전통과 현 대』통권 22(2002년 겨울호), 서울: 전통과 현대, 2002.

• 高田誠二・藤原一毅, 『日本の教育精神と李退溪 附李栗谷の擊蒙 要訣と時事』, 京城府: 朝鮮事情協會出版部, 昭和9(1934).

• 최재목, 「凡父 金鼎卨의 '東方學' 형성과정에 대하여(1): 〈東方學 講座〉 이전 시기(1915-1957)를 중심으로」, 『동학학보』22호, 동 학학회, 2011.8.

_____, 「凡父 金鼎卨의 〈崔濟愚論〉에 보이는 東學 이해의 특징」, 『동학학보』21호, 동학학회, 2011.4.

_____, 「東의 誕生 - 수운 최제우의 동학과 범부 김정설의 동방 학 -」, 『양명학』26호, 한국양명학회, 2010.8.

_____, 「退溪의 肖像畵에 대하여」, 『退溪學論集』2호, 대구: 영남 퇴계학연구원, 2008.6.

_____, 「李退溪의 陽明學觀에 대하여 - 퇴계의 독자적 心學 형 성에 대한 一試論 - 」, 『퇴계학보』113집, 서울: 퇴계학연구원, 2003.6.

• 李鍵煥, 『悅話』20호, 安東:眞城李氏大宗會, 2005.

〈退溪像의 두(修己的-治人的) 系譜 탄생에 대한 고찰〉

- 『論語』
- 『禮記』
- 王守仁,『傳習錄』
- 李滉,『退溪先生文集』/『增補 退溪全書』/『聖學十圖』
- 李滉,『退溪先生言行錄』
- 홍승균 · 이윤희 역,『퇴계선생언행록』, 서울: 퇴계학연구원, 2007.
- 中江藤樹,『藤樹先生全集』
- 李祥鎬,『퇴계학과 실학을 계승한 청소년 인성교육서: 東學』, 신귀현 역, 서울: 에디터, 2011.
- 邊英浩,『朝鮮儒教の特質と現代韓國-李退溪 · 李栗谷から朴正熙まで』, 東京 : クレイン, 2010.
- 최재목,『退溪先生』13, 대구: 영남퇴계학연구원, 2009.
  _____,『東アジア陽明學の展開』, 東京: ペリカン社, 2006.
  _____,『왕양명의 삶과 사상: 내 마음이 등불이다』, 서울: 이학사, 2003.
- 이황,『退溪雜詠』, 이장후 · 장세후 옮김, 서울: 연암서가, 2009.
- 김호태,『헌법의 눈으로 퇴계를 본다』, 서울: 미래를 여는 책, 2008.
- 풍우란,『간명한 중국철학사』, 정인재 옮김, 서울/대구: 형설출판사, 2007.
- 국사편찬위원회 편,『옷차림과 치장의 변화』, 서울: 두산동아, 2006.
- 이기영,『열반종요강의』, 서울: 한국불교연구원, 2005.

• 李鍵煥,『悅話』20호, 安東:眞城李氏大宗會, 2005.

• 이강칠 외,『歷史人物肖像畵大事典』, 서울: 현암사, 2003.

• 高橋進,『이퇴계와 경의 철학』, 안병주 역, 서울: 신구문화사, 1986.

_____,『李退溪と敬の哲學』, 東京: 東洋書院, 1985.

• 吾妻重二,「深衣について -近世中國·朝鮮および日本における 儒服の問題 - 」,『東アジアにおける文化情報の發信と受容』, 東京: 雄松堂出版, 2010.

• 이태호,「조선시대 肖像畵의 발달과 士大夫像의 유형」,『肖像, 형상과 정신을 그리다』, 안동: 한국국학진흥원·한국유교박물관, 2009.

• 최재목,「退溪思想과 '거울'의 隱喩」,『양명학』제24호, 한국양명학회, 2009.12.

_____,「退溪의 肖像畵에 대하여」,『退溪學論集』2호, 대구: 영남 퇴계학연구원, 2008.6.

_____,「李退溪의 陽明學觀에 대하여 - 퇴계의 독자적 心學 형성에 대한 一試論 - 」,『퇴계학보』113집, 서울: 퇴계학연구원, 2003.6.

• 권순철,「퇴계 철학 원형의 탄생과 식민지적 근대성」,『전통과 현대』통권 22(2002년 겨울호), 서울: 전통과 현대, 2002.

• 高田誠二·藤原一毅,『日本の教育精神と李退溪 附李栗谷の擊蒙要訣と時事』, 京城府: 朝鮮事情協會出版部, 昭和9(1934).

〈퇴계의 '초연함'에 대한 인문적 성찰〉

- 李滉,『聖學十圖』
- 이황,『퇴계선생언행록』, 홍승균 · 이윤희 공역/이원강교열, (퇴계학연구원, 2007)
- 孟軻,『孟子』
- 周敦頤,『通書』
- 국사편찬위원회 편,『옷차림과 치장의 변화』, (두산동아, 2006)
- 그레고리 베이트슨,『마음의 생태학』, 박대식 옮김, (책세상, 2013)
- 김상준,『유교의 정치적 무의식』, (글항아리, 2014)
- 데카르트,『方法敍說 ; 省察 ; 情念論 ; 哲學의 原理 ; 諸規則』, 김형효 역, (삼성출판사, 1977)
- 柳喜卿,『韓國服飾史研究』, (이화여자대학교출판부, 1977)
- 마르쿠스 아우렐리우스,『명상록』, 천병희 옮김, (도서출판 숲, 2012)
- 발터 벤야민,「표준시계」,『일방통행로』, 조형준 옮김, (새물결, 2015)
- 블레즈 파스칼,『팡세』, 현미애 옮김, (을유문화사, 2013)
- 앙트완 베르만,『번역과 문자: 먼 것의 거처』, 윤성우 · 이향 옮김, (철학과 현실사, 2011)
- 에릭 캔델,『기억을 찾아서』, 전대호 옮김, (랜덤하우스, 2011)
- 요한네스 헷센,『서양철학 입문』, 허재윤 역, (이문출판사, 1997)
- 李鍵煥,「퇴계의 영정 소개 글」,『悅話』20호, (安東: 眞城李氏大宗會, 2005)
- 정달용,『중세독일신비사상』, (분도출판사, 2007)

- 최재목,『동양철학자 유럽을 거닐다』, (책세상, 2013)
- 최재목,『길 위의 인문학』, (지식과 교양, 2017)
- 菅原光,『西周の政治思想』, (ぺリカン社, 2010)
- 西周,『西周全集』, 大久保利謙 편, (宗高書房, 昭和56)
- Fred Dallmayr, *Beyond Orientalism:Essays on Cross-Cultural Encounter*, New York: Sate University of New York Press, 1996
- 최재목,「李退溪의 陽明學觀에 대하여 - 退溪의 독자적 心學 형성 과정에 대한 一試論 -」,『퇴계학보』제113집, (퇴계학연구원, 2003.6)
- 최재목,「『전습록』과『퇴계선생언행록』의 언행 비교로 본 양명과 퇴계의 사상적 동이점」,『퇴계학논집』5집, (영남퇴계학연구원, 2009.12)
- 최재목,「退溪像의 두(修己的-治人的) 系譜 탄생에 대한 고찰- 退溪像의 원형과 분화에 대한 試論 -」,『유학연구』27집, (충남대학교 유학연구소, 2012.12); 최재목,「퇴계상의 변모」,『퇴계학보』130집, (퇴계학연구원, 2011.12)
- 최재목,「聖人을 꿈꾼 조선시대 여성철학자 張桂香 - 한국 '敬' 사상의 여 성적 실천에 대한 한 試論-」,『양명학』37집, (한국양명학회, 2014.4)
- 최재목,「韓國思想의 低流와 退溪學- 朝鮮 儒敎의〈사상 '신체-얼굴'〉試論 -」,『한국학논집』56집, (계명대학교 한국학연구원, 2014.9)
- 최재목,「릴케가 본 붓다-동양과 서양의 문화적 '만남'의 의미에 대한 시론-」,『유학연구』40집, (충남대학교 유학연구소 2017.8)

168

찾/아/보/기

최재목(崔在穆)

영남대학교 철학과 교수.
영남대 철학과 졸업, 일본 츠쿠바(筑波)대학에서 문학석사 · 문학박사 학위
를 취득. 전공은 양명학 · 동아시아철학사상 · 문화비교.
동경대, 하버드대, 북경대, 라이덴대(네덜란드)에서 객원연구원 및 방문학
자로 연구.
한국양명학회장, 한국일본사상사학회장 역임.
저서: 『알기쉬운 퇴계의 성학십도』, 『양명심학과 퇴계심학』, 『노자』, 『동아시
아 양명학의 전개』(일본판, 대만판, 중국판, 한국판), 『동양철학자 유럽을 거
닐다』 등

이미지의 퇴계학 **퇴계의 초상**

초 판 인 쇄 ┃ 2018년 7월 31일
초 판 발 행 ┃ 2018년 7월 31일

지 은 이 최재목

책 임 편 집 윤수경

발 행 처 도서출판 지식과교양
등 록 번 호 제2010-19호
주   소 서울시 도봉구 삼양로142길 7-6(쌍문동) 백상 102호
전   화 (02) 900-4520 (대표) / 편집부 (02) 996-0041
팩   스 (02) 996-0043
전 자 우 편 kncbook@hanmail.net

ISBN 978-89-6764-122-1 93100
정가 14,000원